O Direito Talmúdico

Tradução: Neide Terezinha Moraes Tomei e Esther Handler
Revisão: Nancy Rozenchan e Zipora Rubinstein
Produção: Ricardo W. Neves e Sergio Kon

Ze'ev W. Falk
Professor de Direito da
Universidade Hebraica de Jerusalém

O DIREITO TALMÚDICO

UMA INTRODUÇÃO

PERSPECTIVA

CIP-BRASIL. CATALOGAÇÃO-NA-FONTE
SINDICATO NACIONAL DOS EDITORES DE LIVROS, RJ

F18d

Falk, Ze'ev W. (Ze've Wilhelm), 1923-
O direito talmúdico : uma introdução / Ze'ev W. Falk ;
[tradução Neide Terezinha Moraes Tomei e Esther Handler]. -
[1. reimp.]. - São Paulo : Perspectiva, 2012.

ISBN 978-85-273-0568-6

1. Direito judaico. 2. Talmud. I. Título.

12-1123.   CDD: 296.18
                        CDU: 26-256'74

28.02.12   06.03.12   033460

1ª edição – 1ª reimpressão
[PPD]

Direitos reservados à
EDITORA PERSPECTIVA LTDA.

Av. Brigadeiro Luís Antônio, 3025
01401-000 – São Paulo – SP – Brasil
Telefax: (0-11) 3885-8388
www.editoraperspectiva.com.br

2019

Sumário

Apresentação — *Celso Lafer* 7

Introdução 11

1. O Direito Talmúdico: Entre Bíblia e Rabinos 17

2. O Direito Talmúdico e as Gerações de Comentadores 23

3. O Direito Talmúdico e a Literatura Talmúdica 29

4. O Estudo do Direito Talmúdico 35

5. O Direito Talmúdico e Outros Sistemas Legais 41

6. Saduceus, Essênios, Pietistas e o Direito Talmúdico 47

7. Gênese e Fontes do Direito Talmúdico 53

8. O Templo, os Sacerdotes e o Direito Talmúdico 61

9. Estabilidade e Mudança no Direito Talmúdico 67

10. O Processo no Direito Talmúdico - I 73

11. O Processo no Direito Talmúdico - II 79

12. A Prova no Direito Talmúdico 85

Apresentação

A Faculdade de Direito da USP, por intermédio de seus Departamentos de Filosofia e Teoria Geral do Direito e de Direito Internacional, promoveu, em maio de 1984, com o apoio e a colaboração da Associação Universitária de Cultura Judaica — sociedade civil brasileira, que tem como objetivo difundir a cultura judaica no âmbito universitário — um curso de extensão sobre Direito Talmúdico. O curso, ministrado em inglês, seguido de tradução, esteve a cargo do Prof. Ze'ev W. Falk, professor-titular da Faculdade de Direito da Universidade Hebraica de Jerusalém e um dos mais destacados especialistas em Direito Talmúdico. É este curso, na sua versão em português, traduzido das lições redigidas em inglês pelo Prof. Falk, que tenho o prazer e a honra de apresentar.

Talmude, como explica o Prof. Falk, significa conhecimento. É o estudo da lei judaica, da *Torá* (o Pentatêuco), tal como elaborado por uma multissecular tradição rabínica. Observa o Prof. Falk que o *Talmude* é o estudo da lei, mas não apenas da lei, pois o estudo — que é o mandamento mais importante na vida judaica — inclui tanto as normas práticas, quanto os ideais, emoções e valores que sustentam o sistema jurídico talmúdico no correr da mutimilenar presença judaica na História. O *Talmude* é, neste sentido, a própria corporificação da tradição judaica. Daí o relevante interesse da Associação Universitária de Cultura Judaica, criada e liderada com vigor e diligência pelo Sr. Leon Feffer, em apoiar a realização do curso e agora em divulgá-lo na forma de livro, pois, ao fazê-lo, contribui para tornar mais acessível, em nosso país, a própria base da cultura judaica.

Para a Faculdade de Direito da USP, que na esclarecida gestão do Prof. Vicente Marotta Rangel tem se caracterizado como um centro vivo de importantes debates intelectuais, o curso que ora se publica está inserido no âmbito de relevantes preocupações acadêmicas, vinculadas ao Direito Comparado, à História do Direito e à Teoria

8 O DIREITO TALMÚDICO

Geral do Direito. Entre elas, realço, em primeiro lugar, a *Hermenêutica Jurídica*, pois o Direito Talmúdico tem como uma das suas notas relevantes o papel da razão humana na interpretação e aplicação de uma "lei revelada". Em segundo lugar, destaco a *Sociologia do Direito*, pois o Direito Talmúdico é um exemplo dos mais fascinantes do tema da estabilidade e da mudança, no tempo e no espaço, de um sistema jurídico que se manteve vivo e em vigor no seio das comunidades judaicas dispersas no mundo, sem o apoio de um poder estatal institucionalizado. Como dizia Rousseau, nos seus *Fragments Politiques*, ao tratar das leis: "Les juifs nous donnent cet étonnent spectacle, les loix de Solon, de Numa, de Lycurgue sont morts, celles de Moyse bien plus antiques vivent toujours"[1].

No Estado de Israel, o Direito Talmúdico, hoje, tem aplicação no campo do Direito da Família e é reconhecido como precedente e princípio geral de Direito no ordenamento jurídico israelense, que é um ordenamento laico. Neste sentido, trata-se de um interessante exemplo de recepção de um Direito tradicional por um Direito Positivo moderno, que nele encontra uma inspiração legitimadora.

Estas motivações intelectuais que levaram o Departamento de Filosofia e Teoria Geral do Direito a promover o curso complementam-se com as do Departamento de Direito Internacional, que também o copatrocinou. Com efeito, a aplicação do Direito Talmúdico coloca problemas interessantes de relacionamento entre diferentes ordenamentos jurídicos e, neste sentido, insere-se no âmbito do Direito Internacional Privado. Por outro lado, a tradição talmúdica, que influenciou Grócio e Selden, fundadores do Direito das Gentes moderno, privilegia a paz enquanto um valor positivo a ser perseguido pela humanidade e, por isso, diz respeito muito de perto a um dos temas básicos do Direito Internacional Público contemporâneo.

Naturalmente, estes aspectos que, a título ilustrativo, acabo de citar, com base no curso do Prof. Falk, requerem, para serem adequadamente explicitados, alguém que seja capaz de inserir o Direito Talmúdico no vasto contexto do universo jurídico. O Prof. **Falk**, porque também se dedica à História e à Filosofia do Direito, e que escreveu, *inter alia*, um importante livro sobre lei e religião a partir

---

1. Jean-Jacques Rousseau, "Fragments Politiques", in *Oeuvres Complètes*, tomo III: *Du Contrat Social — Écrits Politiques*, Paris: NRF/Pleîade, 1964, p. 499.

APRESENTAÇÃO 9

da experiência jurídica[2], representou uma escolha ideal para um curso desta natureza, ministrado no âmbito da Faculdade de Direito da USP. Soube, por isso mesmo, transmitir o alcance mais amplo da matéria que ensina com tanta competência e profundidade. Daí o sucesso do seu curso, que foi muito concorrido, e, estou certo, do livro que agora se publica com o patrocínio da Associação Universitária de Cultura Judaica.

No Capítulo 7 o Prof. Falk fala na razão como uma das fontes do Direito Talmúdico, apontando que um mestre deve ser *Gamir*, ou seja, conhecedor das tradições, e *Savir*, ou seja, inteligente. O seu curso indica, como o leitor verificará, que ele é um verdadeiro mestre, pois soube combinar um profundo conhecimento das tradições com uma superior inteligência na exposição do Direito Talmúdico. Representa, neste sentido, o que há de melhor na tradição judaica, que é, na lição de Erich Kah!er, o de exprimir, através da especificidade de uma experiência, uma mensagem de alcance universal[3].

Celso Lafer

São Paulo — Faculdade de Direito da USP

Setembro de 1985

---

2. Ze'Ev W. Falk, *Law and Religion — The Jewish Experience*, Jerusalém: Mesharim Publishers, 1981.

3. Erich Kahler, *The Jews Among the Nations*, N. York: Frederich Ungar Publ. Co., 1967, pp. 1-30.

Introdução

É um grande privilégio estar aqui, nesta famosa Faculdade de Direito da Universidade de São Paulo, e poder transmitir-lhes as saudações da primeira Faculdade de Direito de Israel, a Faculdade de Direito da Universidade Hebraica de Jerusalém, da qual sou membro. Iniciarei a minha aula com a declaração escrita no *Livro do Deuteronômio:* "uma grande nação é aquela que possui leis justas". Para ser uma grande nação, não é necessário ter uma grande população ou um território extenso. Portanto, a tradição de Israel pode oferecer uma contribuição importante, apesar de nosso país ser pequeno em comparação a outros.

Darei agora uma definição de Direito Talmúdico: Talmude significa conhecimento, estudo, que é o mandamento mais importante na vida judaica. Somos sempre estudantes e, quando concluímos o estudo de um certo texto, imediatamente iniciamos outro. Se a pessoa estudou na sua juventude, deverá continuar a fazê-lo até a velhice. Deve-se estudar a Bíblia e suas interpretações diariamente, ainda que apenas por alguns momentos, para manter-se ativo. Assim, a tradição judaica contém, implicitamente, um programa de higiene mental e de gerontologia. A pessoa que estuda tem uma expectativa, não se aborrece e mantém-se mentalmente alerta.

O Talmude é o estudo da lei, mas não somente da lei. Ele inclui as normas práticas, chamadas *Halakhá,* e os ideais, emoções e valores que a sustentam, chamados *Agadá.*

O Prof. Rabino Avraham Ieoshua Heschel advertiu-nos contra o que ele chamou de *Pan-halakhismo,* isto é, o conceito de que judaísmo é somente um sistema jurídico. É, na realidade, um sistema de normas, mas estas normas devem ser acompanhadas de uma vivência emocional. Os ensinamentos, portanto, devem incluir a *Agadá* e a *Halakhá,* ensinamentos éticos assim como conceitos jurídicos.

O DIREITO TALMÚDICO

O Direito Talmúdico é um sistema racional, embora baseado na revelação divina. Os rabinos atribuem a Deus a aceitação do fato do Seu povo rejeitar ou desobedecer à sua palavra. Na famosa controvérsia entre os rabinos Eliezer ben Hircanos e Ieoshua ben Hananiá, o primeiro invocou os muros da academia para testemunharem a seu favor. O segundo gritou aos muros para que não interferissem. Conta-se que os muros se inclinaram em respeito a Eliezer, mas não desmoronaram totalmente, em respeito a Ieoshua.

O primeiro, então, invocou o testemunho da água de um riacho e, realmente, a água deixou de correr. Então, Ieoshua disse: "Não confiamos em provas sobrenaturais". Finalmente, Eliezer invocou o próprio Deus para provar que ele estava certo e, realmente, uma voz celestial se fez ouvir, corroborando o seu ponto de vista, ao que Ieoshua respondeu, que os ensinamentos não pertenciam mais ao céu, mas tinham sido concedidos aos seres humanos. Conseqüentemente, tudo que era demonstrado pela razão e tudo que era decidido pela maioria na academia, era a opinião decisiva. Desde então, não se admitiam mais provas sobrenaturais no contexto talmúdico.

Os rabinos respeitavam muito seus predecessores e acreditavam na deterioração constante das gerações. Diziam que, se os rabinos anteriores eram como anjos, eles mesmos seriam como homens, e se os anteriores eram como homens, eles mesmos seriam como jumentos. Mesmo assim, foi estabelecida a norma de que, em caso de conflito entre uma autoridade anterior e uma recente, a mais recente deveria ser seguida.

Estranhamente, o estudo moderno do Direito Talmúdico foi iniciado por sábios cristãos da Renascença. Selden e Grotius usaram vários textos do Direito Talmúdico para comparar suas instituições com o Direito Romano e o Internacional. Um importante estudo histórico do Direito Talmúdico data da *Wissenschaft des Judentum* (Ciência do Judaísmo) durante o século XIX, que teve por representantes Zunz, Geiger, Fraenkel, Rappaport e outros.

No século XX, Joseph Kohler criou o projeto de elaboração de uma *Universalrechtsgeschichte* (História Universal dos Direitos) e, neste contexto, incentivou alguns dos seus alunos a estudarem o Direito Talmúdico de um ponto de vista comparativo e histórico. Asher Gulak, que foi o primeiro professor de Direito Talmúdico na Universidade Hebraica de Jerusalém, desde 1925, principiou com uma comparação entre o Direito Talmúdico e o Romano, mas depois incluiu

INTRODUÇÃO 13

comparações com instituições legais do Direito Helenístico e Babilônico.

Temos hoje institutos para o estudo de Direito Talmúdico nas Universidades de Jerusalém e Bar-Ilan, diversas revistas de Direito Talmúdico, entre as quais gostaria de mencionar *Dinei Israel*, da qual sou fundador, e o *Jewish Law Annual*, fundado por Bernard Jackson, de Liverpool, e patrocinado pela Associação Internacional de Direito Judaico, que é uma secção da Associação Internacional de Advogados Judeus.

Quero também mencionar a *Encyclopedia Talmudit*, já abrangendo 17 volumes, o *Digest of Responsa*, composto de acordo com o código do século XVI, *Shul'han Arukh* de Iossef Caro, e o sistema computadorizado de obtenção de *responsa* da Universidade Bar-Ilan, em Ramat Gan. Anualmente é publicado um número de monografias sobre Direito Talmúdico e conferências são ministradas sobre vários tópicos. Durante anos tive um programa na Rádio de Israel, demonstrando, por julgamentos simulados, como o Direito Talmúdico resolveria problemas modernos e, recentemente, fiz o mesmo para a televisão.

Mesmo fora de Israel há um interesse crescente em Direito Talmúdico. Há alguns anos atrás, fui convidado para falar sobre Direito Talmúdico na Universidade de Paris e, neste ínterim, foi criado lá um Instituto de Lei Hebraica. O Instituto de Estudos Hebraicos Avançados, da Universidade de Oxford, tem sido de grande valia para o estudo e a publicação do Direito Talmúdico e, recentemente, foi decidido o estabelecimento de uma cadeira de Direito Judaico na Faculdade de Direito da Universidade de Nova York. Atividades semelhantes são desenvolvidas em outras universidades, e, eu mesmo, recentemente, estive na Universidade da Califórnia, Berkeley, como professor-visitante de Direito Talmúdico.

Portanto, aprecio muito a iniciativa da Associação Universitária de Cultura Judaica de trazer ao Brasil o estudo desta importante disciplina.

Era um costume judaico submeter todos os conflitos entre a comunidade e o indivíduo, ou os desacordos entre dois indivíduos à arbitragem de um rabino ou a um conselho de rabinos. A lei real aplicada nestes casos é o Direito Talmúdico. Este sistema jurídico também pode ser usado por comparação com outros sistemas jurídicos, como, por exemplo, o Direito Canônico. As minhas aulas na

14 O DIREITO TALMÚDICO

Universidade de Berkeley, na Califórnia, por exemplo, tratavam da "Estabilidade e Mudança no Sistema Jurídico-Religioso" e abrangiam o Direito Talmúdico, Canônico e Muçulmano. Abordei os aspectos dogmáticos, psicológicos e sociológicos do problema e prossegui enumerando as técnicas comuns para possibilitar mudança, tais como ficção jurídica, eqüidade, dispensação, etc.

O Direito Canônico apoiou-se no Direito Talmúdico para justificar a anulação de casamentos não consumados, apesar de que a interpretação das fontes talmúdicas talvez não tenha sido correta. Por outro lado, o Direito Talmúdico tomou do Direito Canônico outras instituições, como o culto aos mortos, como procurei demonstrar num artigo sobre Direito Judaico e Canônico.

Há 150 anos, Abraham Geiger demonstrou que Maomé aprendeu muito dos judeus. Estudiosos como Goldzieher e Schacht mostraram que o Direito Talmúdico estudado nas academias do Iraque teve influência no desenvolvimento do Direito Islâmico nas escolas adjacentes da *sharia*.

Até mesmo a lei brasileira poderia ser discutida, evocando-se a experiência do Estado de Israel em relação à Lei Talmúdica.

A relação entre Estado e religião, a interferência do divórcio civil no casamento religioso, etc., têm similaridades em ambos os países e poderiam ser comparadas.

Por fim, mas não menos importante: o estudo do Direito Talmúdico no Brasil é importante para situações de conflito, isto é, casamento ou divórcio de cidadãos israelenses de religião judaica, quando surgem nas cortes brasileiras. A lei substantiva em tais casos é a Lei Talmúdica.

Esta disciplina é naturalmente muito importante no Estado de Israel. Ela parte do sistema tradicional da lei pessoal, aplicando-se em questões de direito de família, tais como casamento, divórcio, pensão, etc. Antes de 1917, estes casos estavam sob a jurisdição das cortes religiosas e a lei substantiva era aquela da respectiva tradição religiosa. Entrementes, a legislação israelense substituiu a lei pessoal por uma norma territorial abrangendo tópicos como adoção, tutela, capacidade legal, sucessão, etc. Entretanto, o casamento e o divórcio ainda estão sob jurisdição religiosa e sujeitos à lei pessoal. Para os judeus, esta é a Lei Talmúdica.

Além disso, a legislação israelense usa a terminologia hebraica e aramaica do Talmude, que se refere ao Direito Talmúdico na in-

INTRODUÇÃO   15

terpretação da palavra. Sendo o hebraico a língua oficial, é, portanto, um condutor importante para o acolhimento de conceitos legais do Direito Talmúdico para o direito israelense. Darei um exemplo: a lei israelense de *mandatum* usa a frase talmúdica *shluho shel adam kemoto* (um procurador é como o constituinte), o que permite ao intérprete da lei usar, neste ponto, a casuística do Direito Talmúdico. Outro exemplo é o direito do empregado de receber pagamento por rescisão conforme o tempo de serviço (um mês por ano). Esta instituição decorre da obrigação talmúdica do amo em favor do seu escravo alforriado, que foi adaptada para os empregados, por costume pós-talmúdico, e, finalmente, codificada pela lei israelense. Sempre que surge um problema ligado a esta instituição, evidentemente fontes talmúdicas devem ser consultadas.

Com tanto mais razão a lei talmúdica é importante em assuntos religiosos, como nos casos onde é necessário que o legislador defina quem é judeu para fins da Lei do Retorno [1] ou quando é imposto o descanso semanal no sábado.

Mesmo em áreas seculares, o juiz freqüentemente se baseia em fontes talmúdicas para preencher uma lacuna de um estatuto. Ele poderá fazê-lo apoiando-se nos costumes do povo ou por meio de analogia, ou também usando a experiência legal de outras nações. Numa recente lei sobre os Elementos da Lei, a dependência das cortes israelenses nos precedentes da lei inglesa foi abolida e foi usada a analogia com os princípios de liberdade, justiça, eqüidade e paz, de acordo com a tradição judaica. Esta última será entendida como uma referência à parte do Direito Talmúdico.

O Direito Talmúdico também se aplica nos casos de arbitragem. É o caso em que a questão será decidida por um rabino ou um conselho de rabinos. Porém, tanto em Israel quanto em Nova York existia também uma instituição leiga denominada *Mishpat Shalom* (justiça de paz) que se baseava no Direito Talmúdico, mas onde a interpretação era menos rígida do que a dos rabinos.

O primeiro secretário deste tribunal em Nova York, Rabino Israel Goldstein, mais tarde Presidente da Organização Sionista da América, recentemente publicou um livro sobre este trabalho.

---

1. Lei do Retorno: Lei aprovada pelo Parlamento israelense em 5 de julho de 1950, que concede a todo judeu o direito de imigrar a Israel.

16 O DIREITO TALMÚDICO

Vemos pois, que o Direito Talmúdico tem um papel ativo na administração da justiça para o povo judaico tanto na diáspora quanto no Estado de Israel, e sinto-me privilegiado por poder compartilhar com vocês alguns dos seus regulamentos.

1. O Direito Talmúdico: Entre Bíblia e Rabinos

O desenvolvimento do Direito Talmúdico teve início com a submissão do povo, que retornava da Babilônia, à Lei da Torá. Esta submissão, que tomou a forma de um "contrato social", foi expressa pelos chefes de famílias em um documento reproduzido por *Neemias, 10:1-40*. Porém, para conhecer a Lei e estar capacitado a seguir suas regras, o povo foi obrigado a estar presente à sua leitura em ocasiões especiais e a leituras periódicas da Lei aos sábados e mesmo durante a semana. Esta leitura descrita em *Neemias, 8:1-10*, incluía itens de interpretação, os quais se transformaram na tradução aramaica. Provavelmente, o Direito Talmúdico estava inicialmente contido nestas interpretações do texto e representava a Lei Oral em comparação à Lei Escrita.

Um fator adicional no desenvolvimento do Direito Talmúdico foi o privilégio concedido a Esdras, o escriba, por Artaxerxes *(Esdras, 37:12-27)*. O rei ordenou ao líder judeu que nomeasse juízes locais para a administração da justiça, e a publicação da Lei de Deus e da Lei do Rei. Portanto, Esdras tinha que ensinar e administrar tanto a Lei de Israel quanto a lei do Império Persa, e alguns de seus ensinamentos e dos precedentes judiciais formaram o núcleo do Direito Talmúdico.

O próprio Esdras possuía o título de Escriba, o qual não só significava a sua atividade de copista, como também a sua capacidade de interpretar os textos copiados. Durante o século IV a.C., o ofício de escriba na sua significação mais ampla foi exercido por toda uma classe, os mestres da tradição religiosa judaica, chamados Escribas ou Sábios. Eles, gradativamente, retiraram o monopólio da exegese dos sacerdotes e possibilitaram que até um homem comum pudesse se tornar um especialista na Lei.

Durante o século IV a.C. devem ter sido criadas as distinções, que prevaleceram então no Direito Talmúdico. Primeiramente, dizia-

18   O DIREITO TALMÚDICO

se que, além da Lei Escrita, ou seja, o Pentateuco, havia uma Lei Oral, a qual, às vezes, estava em conflito com a primeira e tinha precedência sobre ela. Dizia-se que ambas as Leis eram consideradas parte da revelação no Monte Sinai, apesar de que, na prática, toda nova regra ou interpretação, baseada no costume, ficava incorporada à Lei Oral. Incidentalmente, quando Filo de Alexandria falou sobre *agraphos nomos*, regra ou lei não escrita, ele usou um termo da Lei judaica contemporânea, mas deu-lhe um novo significado. Em seus escritos, o termo significava a lei da natureza que controla todas as leis convencionais das diversas nações. A Lei Oral rabínica, por outro lado, era parte da Lei particular de Israel e foi atribuída à Revelação.

Enquanto muitas das inovações foram incorporadas à Lei Oral, algumas foram consideradas como acréscimos humanos, como Palavras dos Escribas ou dos Rabinos, em contraposição às Palavras da Torá. Esta distinção foi provavelmente a primeira, mas no decorrer das discussões entre os fariseus e os saduceus, os fariseus atribuíram todas as regras à Revelação, ou seja, à Lei Oral, a fim de defender seus pontos de vista contra as críticas dos saduceus.

Uma terceira distinção foi feita entre a própria Torá e as regras que tinham sido criadas por autoridade humana como "uma cerca ao redor da Lei". Este último conceito foi atribuído aos membros da Grande Assembléia, que formaram uma assembléia representativa de todos os chefes de famílias durante os séculos IV ou III a.C. Esta "cerca", também chamada "guezará", foi o acréscimo de relações maternais à lista de impedimentos bíblicos.

A controvérsia entre os fariseus tradicionalistas e os saduceus críticos marcou a formação do Direito Talmúdico dos primeiros e os fez enfatizar demasiadamente os elementos talmúdicos, às custas da própria Lei Bíblica. A violação de um preceito rabínico ou da Lei Oral era mais séria do que a de um preceito bíblico, porque no primeiro caso, sentia-se um perigo para a existência de todo o sistema dos Escribas e Rabinos.

Entrementes, a polêmica no Sinédrio ou nas academias levou a muitas controvérsias entre os próprios rabinos. Os textos mais antigos da Mishná, o segundo texto da Lei judaica, além do Pentateuco, enumeravam os nomes de duplas de mestres entre os quais tinham surgido controvérsias sobre itens da Lei *(Mishmá Eduiot, 1,* cf. *Avot 1).* Durante o século I, as Escolas de Shamai e de Hilel polemizaram

O DIREITO TALMÚDICO: ENTRE BÍBLIA E RABINOS   19

sobre muitas questões legais e durante o século II, muitas controvérsias foram registradas entre os discípulos do grande Rabi Akiva ben Iossef.

Durante os séculos I e II, podem ser distinguidos três modelos literários de textos legais. Já mencionamos a Mishná, que é uma coleção de opiniões legais, um livro de leis, mas não um código de leis. De acordo com o ponto de vista do Rabino Judá ben Ilai (século II), conforme a *Tossefta Eduiot,* foram conservadas as controvérsias e não as regras obrigatórias, porque mesmo uma opinião minoritária poderia, no futuro, tornar-se obrigatória. As decisões foram tomadas pela maioria, devido a razões de ordem prática, mas isto não significou que as opiniões rejeitadas careciam de justificação. No futuro, poderia surgir uma situação, na qual a pessoa designada para tomar decisões teria que se referir a uma opinião minoritária, para atender as necessidades do caso. Assim, os seguidores do fundador do Hassidismo, Rabino Israel Baal Shem Tov (século XVIII), costumavam dizer que, no futuro, as opiniões rejeitadas da Escola de Shamai se tornariam válidas e substituiriam aquelas da Escola de Hilel.

Esta foi uma atitude liberal e de tolerância, e representava o caráter universal e erudito do Direito Talmúdico. Por outro lado, os escritos das seitas eram muito mais dogmáticos e formaram códigos de leis, ao invés de livros de leis. Por exemplo, o *Pergaminho do Templo,* da comunidade do Mar Morto, é um código que apresenta a versão verdadeira da Lei, segundo a opinião deste grupo. A comunidade do Mar Morto tinha se retirado do Templo a fim de criar sua própria estrutura ideal, e considerava que a verdadeira interpretação foi preservada naquele *Pergaminho.* Modelos similares de literatura legal foram provavelmente criados por todas as seitas, inclusive os primeiros cristãos.

Outro modelo literário do Direito Talmúdico é o *Midrash,* ou seja, a interpretação da Escritura. Ele originou-se dos sermões que acompanhavam a leitura da Lei do Templo e nas sinagogas. O orador sentia a necessidade de responder às críticas dos saduceus e mostrar que a Lei Oral estava de acordo com a Lei Escrita. Enquanto que a Mishná era tida como a formulação de lei abstrata, seguindo certos métodos de redação, o *Midrash* foi sempre um comentário do texto bíblico.

20 O DIREITO TALMÚDICO

Com o correr do tempo, a interpretação espontânea recebeu uma base sistemática pela adoção de regras hermenêuticas, tais como inferência *ab minore ad majus* ou analogia. Durante o século II, o Rabino Ismael estabeleceu a regra que a lei deveria ser interpretada como se fosse um texto humano, porque "a Torá falava a linguagem dos homens". Contra esta hermenêutica racional, o seu colega, o já mencionado Rabi Akiva ben Iossef tratava o texto como um documento *sui generis*, no qual, não somente cada palavra tinha seu significado, como também cada letra, cada vogal e até mesmo cada ornamento que se costuma colocar em algumas letras. Por esta forma de interpretação ampla, o Rabi Akiva tentou justificar, perante as críticas, as muitas inovações da Lei Oral e seu método foi desenvolvido pelos seus discípulos e, mais tarde, pelos mestres posteriores. Assim, temos agora as coleções de *Midrashim** feitas pela Escola do Rabino Ismael e outras feitas pela Escola do Rabi Akiva.

Enquanto que os mesmos mestres são mencionados tanto na Mishná quanto no Midrash, houve uma certa especialização nos campos da lei abstrata e das interpretações. As coleções da Mishná datam, provavelmente, do século I em diante, e a Mishná existente, que é a base da discussão no Talmude, foi compilada a partir das primeiras composições, pelo Patriarca Judá, em torno do ano 200.

As coleções da Mishná foram o resultado de uma seleção, de modo que muitas tradições não foram incluídas e foram portanto chamadas *Baraita* (tradição externa). Igualmente, os discípulos de um compilador da Mishná costumavam coletar o que sobrava, junto com os comenários, paralelos e variantes, formando a *Tossefta* (texto adicional). Todas estas tradições foram usadas no debate da Mishná para uma análise crítica, harmonização e esclarecimento adicional.

Até o ano 70, o Sinédrio parece ter tratado de assuntos políticos, questões do Templo e da interpretação da Lei. Provavelmente a presidência foi ocupada no primeiro caso por um representante do rei, no segundo caso pelo Sumo Sacerdote e, no terceiro, pelo líder rabínico chamado *Nassi* (Patriarca). Após a destruição do Templo, a Academia Rabínica chefiada pelo Patriarca continuou a debater questões de Lei. As Academias tiveram lugar em Tiberíades, Cesaréia e Lida.

---

* *Midrashim:* plural de *Midrash*.

O DIREITO TALMÚDICO: ENTRE BÍBLIA E RABINOS 21

Os judeus babilônicos eram liderados por um Exilarca, reconhecido pelo governo, e pelos chefes rabínicos das duas academias de Sura e Nehardaa (mais tarde, Pumbedita). Os judeus egípcios também tinham um Exilarca reconhecido, mas não escolas similares de Talmude.

Os protocolos das academias em Israel e na Babilônia foram coletados no Talmude desses lugares, respectivamente. Cada Talmude, além da justaposição de fontes, a sua análise crítica e harmonização, incluía costumes, precedentes, homilias, histórias, etc., como estas se projetavam no pensamento associativo dos participantes. As primeiras regras de tomada de decisão, para resolver as muitas controvérsias, foram também debatidas nestas academias. O Talmude de Israel foi editado por volta do ano 400 e o da Babilônia, no ano 500.

Assim, de acordo com Sherira Gaon do século X, todos os judeus foram submetidos aos regulamentos do Talmude e não se admitiam opiniões contrárias à Lei Talmúdica. Em questões de opinião, crença, filosofia e narrativas, havia uma liberdade de opinião, mesmo contra a autoridade talmúdica.

2. O Direito Talmúdico e as Gerações de Comentadores

O Talmude era o protocolo das Academias no estudo da Mishná e sua organização acompanhava a da Mishná. De tempos em tempos, outros assuntos eram discutidos pelo sistema de associação de idéias, o que deu ao Talmude uma forma menos sistemática.

As primeiras monografias de Direito Talmúdico foram escritas em tempos pós-talmúdicos, provavelmente sob a influência da filosofia aristotélica que levou os legisladores muçulmanos a redigir monografias sobre sua própria lei. Nos tratados menores, alguns tópicos foram abordados em forma monográfica através da coleta de todas as referências talmúdicas ao mesmo assunto. Desta forma, temos assim pequenos tratados sobre conversão, luto e outros temas, os quais constituem antologias de textos talmúdicos.

O material talmúdico foi também reescrito em livros denominados *Halakhot* (normas), o primeiro dos quais foi provavelmente elaborado pelo Rabino Iudai Gaon no século VIII.

Além destas reformulações da lei talmúdica, os chefes das Academias empenhavam-se em apresentar comentários sobre trechos difíceis do Talmude. Muitas das questões dirigidas aos chefes das Academias babilônicas durante o século VIII e posteriormente referiam-se às interpretações corretas de trechos talmúdicos. Um dos *Gueonim** escreveu um comentário sobre a última parte da Mishná, que trata dos complicados regulamentos de purificação, que não tinham sido estudados nas Academias.

Este foi o primeiro de uma longa série de comentários e exegeses de comentários sobre todo o Talmude ou qualquer uma de suas partes. Deve ser mencionado o comentário do Rabino Hananel ben Hushiel, do Norte da África e do Rabino alemão Gershom ben Judá,

---

* *Gueonim:* plural de *Gaon,* título honorífico concedido aos chefes das academias na Babilônia.

24 O DIREITO TALMÚDICO

apelidado "A Luz do Exílio", ambos escritos antes do século XI.
O comentário mais completo foi o do Rabino Shlomo ben Itzhak,
conhecido pela sigla "Rashi", abrangendo a quase totalidade do Talmude, bem como o Velho Testamento. Este comentário está impresso em todas as edições do Talmude, juntamente com os comentários
críticos suplementares *(Tossafot)* elaborado por seus descendentes e
discípulos.

Um fenômeno interessante relativo a este comentário deve ser
notado, ou seja, que os comentários eram copiados sem que se mencionasse a fonte. O motivo era a idéia de que um comentário de um
dado mestre constituía uma interpretação legítima do texto e, portanto, não era uma propriedade literária privada do autor.

Uma função importante dos chefes das Academias e de outros
mestres era a formulação de respostas às questões e a outorga de
decisões sobre assuntos em disputa. Esta função deu origem ao gênero literário da *Responsa,* que se desenvolveu a partir do século
VIII. Esta formulação de respostas prevaleceu no Direito Romano,
a fim de possibilitar às repartições leigas a cumprir funções judiciais. Esta praxe também desempenhou uma certa função nos tempos talmúdicos, mas se desenvolveu somente durante o período dos
Gueonim da Babilônia. Isto poderia ter sido o resultado de uma
influência islâmica, onde o *Mufti* também era solicitado a regulamentar problemas religiosos numa *Fatwa.*

A literatura de *Responsa* judaica abrangia todas as questões
possíveis. Durante o século X, por exemplo, as congregações judaicas
da Alemanha se dirigiam aos *Gueonim* da Babilônia perguntando se
um animal abatido poderia ser consumido quando os seus pulmões
estivessem afetados, e se era verdadeiro o rumor de que o Messias
chegara. Neste ínterim, milhares de volumes, contendo as respostas
dos mestres talmúdicos, foram publicados e, a cada ano, novos volumes são editados sobre as questões da vida contemporânea, inclusive
sobre problemas éticos.

A crescente quantidade de material sobre Direito Talmúdico
dificultou a localização das respostas às questões dadas, de modo
que, de tempos em tempos, houve necessidade de reorganizar e codificar as leis. Em matéria de Códigos, devemos nos lembrar que o
Direito Talmúdico não era um sistema legal no sentido usual da palavra. Não era um sistema de normas promulgadas pelo chefe de um
país aos seus súditos, mas um sistema de normas que era imposto

O DIREITO TALMÚDICO E AS GERAÇÕES DE COMENTADORES   25

e inculcado por uma comunidade. Os códigos que serão mencionados não foram feitos por autoridades oficiais, mas por indivíduos. A autoridade de um tal livro se baseava no seu próprio valor e na devoção de seu autor, o que fazia com que outros aceitassem suas disposições.

Os primeiros códigos foram organizados de acordo com o modelo do próprio Talmude. Assim, no século XI, a essência das várias discussões foi apresentada pelo Rabino Itzhak de Fez, no Marrocos, conhecido pela denominação Alfassi, juntamente com as conclusões finais para a sua utilização prática. Suas *Halakhot* poderiam, portanto, ser estudadas ao invés do longo texto do Talmude. Este mesmo sistema foi adotado, no século XIV, pelo Rabino Asher ben Iehiel, da Alemanha.

Um código sistemático original de todo o Direito Talmúdico foi escrito por Moisés Ben Maimon (Maimônides), que viveu entre 1135 e 1205, em Córdoba, Espanha, na África do Norte e no Egito e também exercia a medicina, a filosofia, a liderança comunitária, além da exegese talmúdica. Seu código foi chamado *Yad Hazaká* (A Mão Forte) ou *Mishné Torá* (Segunda Torá), e tencionava substituir o estudo do Talmude pelo estudo de sua obra. Embora seu código tenha adquirido imediata importância, o estudo das fontes antigas não foi suspenso. Pelo contrário, muitas obras foram escritas sobre a análise do seu código e o motivo pelo qual excluíra certos pontos ou porque ele optara por uma certa linha entre as opiniões dos sábios talmúdicos.

No século XIV, o Rabino Iacov ben Asher, um judeu alemão que tinha emigrado para a Espanha, escreveu um outro código baseando-se em três autoridades: Itzhak de Fez, Maimônides e Asher ben Iehiel (seu pai), seguindo sempre a opinião majoritária. Seu código foi chamado de *Turim*, ou seja, colunas de pedras preciosas. A primeira parte trata das orações e festas, a segunda, das leis dietéticas, a terceira, das leis da família, e a última parte trata da organização legal do direito privado. Enquanto Maimônides abrangia todos os tópicos, este código tratava somente de questões de aplicação prática.

· No século XV, um outro código foi escrito de acordo com o mesmo sistema, pelo Rabino Iossef Caro, que emigrou da Espanha em 1492 para Israel, onde se tornou uma figura central na atividade jurídica e mística. Seu código foi chamado de *Shul'han Arukh* (A

26 O DIREITO TALMÚDICO

Mesa Posta) e dava atenção especial às tradições dos judeus espanhóis e orientais. Paralelamente, o Rabino Moshê Isserlis, de Cracóvia, Polônia, tencionava escrever um código conforme as tradições dos judeus da Europa Central e Oriental. Entretanto, quando soube da obra de Caro, resolveu escrever somente comentários sobre ela, complementando-a, assim, a fim de que fosse o código central de todo o povo judeu.

Um grande número de comentários escritos neste ínterim sobre este código e todos estes comentários juntos são reconhecidos pelos judeus ortodoxos no mundo inteiro. Devemos mencionar também as versões do segundo Rabino Hassídico de Habad (século XVIII) e do Rabino Epstein (século XIX) que tentaram atualizar o *Shul'han Arukh* de Caro.

Para o conhecimento do Direito Talmúdico, é preciso levar em conta a sua geografia, além da sua história. Durante o primeiro milênio, ele se desenvolveu sob o signo da tensão entre as Academias de Israel e as da Babilônia. Finalmente, a influência destas últimas prevaleceu; contudo, o Talmude de Israel foi estudado e as tradições da Terra Santa foram preservadas não somente entre as comunidades judaicas de Israel, mas também no Sul da Itália, Alemanha, Iêmen e nas comunidades do Oriente Próximo e Médio.

Regulamentos distintos surgiram entre os judeus de origem espanhola e os da Europa Oriental (sefarditas e aschquenazitas) e as cortes rabínicas do Estado de Israel devem aplicar o Direito Talmúdico conforme o país de origem do solicitante. Assim sendo, não temos somente o problema de "quem é Judeu?", mas também de "quem é sefardita ou aschquenazita?" Foi, portanto, efetuada uma tentativa de criar uma tradição unificada de Israel, fazendo uso de ambas as fontes para os judeus.

Assim, a literatura do Direito Talmúdico abrange agora dez mil livros e todos os anos novos comentários, *Responsa*, códigos e estudos são escritos e publicados em Israel, nos Estados Unidos e, ocasionalmente, na Grã-Bretanha, no Canadá e outros países.

O Direito Talmúdico se caracteriza por ser quase que totalmente um sistema legal de livros e pela grande ausência de coleções amplas de documentos que refletem a prática e a realidade. Entretanto, dispomos de uma série de obras do século II, em hebraico, aramaico e grego, que foram preservadas na região do Mar Morto. Estes documentos, junto com os documentos gregos reunidos por

O DIREITO TALMÚDICO E AS GERAÇÕES DE COMENTADORES   27

Tcherikover-Fuks-Stern no seu *Corpus Papyrorum Iudaicarum* podem ser usados para ilustrar o Direito Talmúdico e mostrar o seu funcionamento.

Um grande número de documentos foi preservado na *guenizá* (arquivo morto) da antiga sinagoga de Fostat, no Cairo, que foi descoberta há 85 anos atrás. Estes documentos escritos em árabe, hebraico e aramaico, refletem a atividade social e jurídica dos judeus do Egito, da Terra de Israel e outros países durante a Idade Média. Através deles, obtemos uma imagem mais equilibrada da verdadeira situação, diante das normas do Direito Talmúdico.

Temos também documentos de outras partes da diáspora, que foram interpretados por historiadores, tais como o Prof. Isaac Fritz Baer, que escreveu sobre os judeus da Espanha, e o Prof. Salo W. Baron, autor da famosa *História Religiosa e Social dos Judeus,* que já compreende 15 volumes e continua aumentando.

3. O Direito Talmúdico e a Literatura Talmúdica

O estudo crítico do Direito Talmúdico é o resultado de uma série de abordagens referentes à estrutura literária das fontes. Deve ser feita uma diferenciação, por exemplo, entre as normas teóricas e os casos reais. Muitas regras do Direito Talmúdico originam-se da situação de academia, quando uma diferenciação teórica era feita entre duas assertivas ou quando duas assertivas eram harmonizadas entre si. Outras normas são o resultado de casos reais e decisões e portanto têm maior peso.

Às vezes, um texto antigo incluía tanto uma norma teórica quanto um caso real e presumimos que a história do caso aconteceu primeiro e que a norma abstrata foi derivada do caso. Somente quando da formulação do texto talmúdico a norma foi colocada antes do caso, pois ela foi considerada de maior importância.

A Mishná e os dois Talmudes citam freqüentemente uma série de casos para ilustrar uma certa regra. Em outras ocasiões, eles enumeram uma série de costumes que são, naturalmente, de maior importância para o nosso conhecimento da realidade. Às vezes, uma certa Mishná consiste de um número de inovações legislativas em contraposição à lei bíblica ou à Lei Oral antiga.

O estudo crítico de um texto talmúdico deve, pois, incluir uma análise crítica da forma, para determinar o padrão literário. Abordamos de forma diferente um texto baseado num caso real e um texto resultante de distinções ou harmonizações escolásticas.

É importante determinar o contexto histórico e geográfico no qual uma dada assertiva foi feita, para saber a biografia do autor da assertiva e entender o objetivo dela num contexto mais amplo. Ele pode ter sido motivado pela necessidade de fazer apologia e suas palavras podem ter sido suscitadas por polêmica e ele pode ter tido razões para dizer algo que não devia ser tomado no seu sentido literal. A interpretação das fontes do Direito Talmúdico deve ser feita

O DIREITO TALMÚDICO

de acordo com as regras da hermenêutica e através de uma verificação constante das fontes.

O problema principal é sempre como descobrir a realidade legal existente atrás da literatura legal, quando confiar e quando questionar a verdade das fontes literárias.

O Direito Talmúdico é baseado na admissão de uma corrente ininterrupta de tradição desde as Escrituras Bíblicas até a formulação da Mishná. Esta cadeia de tradição já foi negada pelos saduceus e caraítas, e pelos modernos estudiosos cristãos que aceitaram esta posição crítica. Minha opinião pessoal é que talvez haja exagero na tradição rabínica, atribuindo aos tempos mosaicos muitas instituições posteriores, mas basicamente podemos confiar na opinião tradicional, tendo em mente o grande conservadorismo da transmissão oral na cultura judaica.

Se uma certa opinião é atribuída a um dos mestres, não temos motivo para desconfiar da sua autoria, desde que ela não entre em conflito com outros dados. Portanto, a história do Direito Talmúdico deveria ser escrita, basicamente, referindo-se aos dados históricos das próprias fontes. Parece não haver justificativa para uma atitude ultracrítica, como, por exemplo, aquela adotada por Jacob Neusner.

Além disso, a suposição tradicional com respeito à data mais antiga da maioria das Leis Talmúdicas parece nos levar ao que eu chamaria de "arqueologia legal". Com este termo, tenciono dizer que deveria ser feita uma tentativa no sentido de restabelecer a forma mais antiga das instituições e das regras descritas nas fontes talmúdicas. Apesar de que a Mishná foi editada por volta do ano 200, a complexidade de suas normas indica um grande desenvolvimento até a sua formulação final. Supondo que o complexo sucedeu ao simples, que podemos nos beneficiar de um estudo comparativo das leis, e de uma história legal dos outros sistemas, e do uso de escritos e narrativas não-jurídicas, podemos talvez escrever a pré-história do Direito Talmúdico. Dediquei a este tópico o meu livro *Introdução ao Direito Talmúdico do Segundo Templo,* no qual tentei descrever as regras mais antigas do Direito judaico, como eram aplicadas durante os últimos séculos a.C.

Ilustrarei o acima exposto, mencionando as fontes mais importantes que ajudarão a reconstruir as instituições talmúdicas mais antigas.

O DIREITO TALMÚDICO E A LITERATURA TALMÚDICA 31

Temos uma série de papiros aramaicos de Elefantina e Assuã, no Norte do Egito, do século V a.c., que ilustram a vida em um povoado judaico isolado, na fronteira. Entre estes documentos, existem alguns que são muito similares ao contrato de casamento dos tempos talmúdicos. A conclusão a ser extraída desta similaridade é que estas regras do Direito Talmúdico são bem anteriores ao tempo em que as fontes do Talmude foram formuladas.

Da mesma forma, os documentos da região do Mar Morto, referentes à venda, aluguel e outras transações e mencionando a observância de várias normas do Direito Talmúdico, provam a existência destas normas naquele tempo.

Um outro tipo de fontes externas escritas são apócrifos e pseudo-epigráficos. Por exemplo, o *Livro de Tobias,* no qual a cerimônia matrimonial é descrita incluindo as palavras referentes à "Lei de Israel". Esta fórmula é mencionada nas fontes talmúdicas e é usada até o presente. Embora o Talmude fosse composto mais tarde, esta fórmula deve ter sido uma tradição datando pelo menos do século IV a.c. quando o *Livro de Tobias* foi escrito.

O *Livro dos Macabeus* é outro exemplo. O Direito Talmúdico atribui aos tempos mosaicos a lei que é mencionada nos Evangelhos, de que o Shabat pode ser negligenciado durante a guerra ou no caso de preservação da vida. Isto talvez pareça exagerado, mas a regra é realmente mais antiga que as fontes talmúdicas, como se pode concluir do *Livro dos Macabeus.* Lemos ali que Matatias discutiu com os pietistas que insistiam na observância do Shabat durante a guerra, dizendo que, agindo assim, eles seriam exterminados e não poderiam observar o Shabat no futuro.

Apesar de os pietistas parecerem ter sido convencidos, lemos novamente em Josefo, que Pompeu conseguiu conquistar Jerusalém no ano 70 por causa do Shabat. Deve ter havido ainda alguma oposição pietista à norma permitindo guerrear no Shabat. De qualquer forma, a regra talmúdica pode ter sido estabelecida, o mais tardar, ao redor do ano 165 a.c.

Um outro tipo de fontes externas que podem ser usadas para a verificação da reivindicação talmúdica referente à cadeia da tradição é a versão samaritana do Pentateuco e da Septuaginta. Em muitos casos, estes textos mostram desvios da Bíblia hebraica que são similares à interpretação talmúdica dos trechos correspondentes. É como se as versões samaritanas e da Septuaginta incluíssem as inter-

32 O DIREITO TALMÚDICO

pretações rabínicas no texto e mostrassem que estas idéias — quer como parte das Escrituras ou das interpretações — eram pelo menos alguns séculos mais velhas do que os textos talmúdicos.

O mesmo argumento pode ser extraído de alguns trechos das obras de Filo de Alexandria, Josefo e dos Evangelhos que mencionam normas e instituições talmúdicas.

Na verdade, há muitas contradições nestas fontes referentes ao Direito Talmúdico e cada uma delas prova o pluralismo que existia antes da destruição do Segundo Templo e a necessidade de um exame crítico dos dados históricos das fontes talmúdicas. Entretanto, em casos de identidade e similaridade entre os antigos escritos e o Talmude, devemos considerá-los como indicações da existência de uma tradição anterior, e como justificações das assertivas talmúdicas.

Muitos termos são usados na literatura talmúdica para descrever o Direito Talmúdico, alguns dos quais de uma forma diversa do que na Bíblia.

O termo *Torá* (ensino) significa principalmente a Lei Oral ou pelo menos a Lei Oral junto com o Pentateuco. Ela era definitivamente mais ampla do que a tradução *nomos,* usada pela Septuaginta, que deu motivo ao mal-entendido do Apóstolo Paulo. A Torá contém ética, explicações e mandamentos dirigidos ao coração, e o dinamismo da Lei Oral.

O termo *hoc* (lei, gravar) foi entendido pelo sábio do Talmude como aquela parte da lei que desafiava a explicação racional. Exemplos disto são os impedimentos, as leis dietéticas e as regras de pureza. Em todos estes casos, a pessoa deveria se submeter à lei divina, mesmo não entendendo o seu objetivo, sendo que as leis deste tipo eram uma prova de fé, assim como o Sacrifício de Isaac foi a prova suprema para Abraão.

Din (lei) e *mishpat* (lei, justiça), por outro lado, eram principalmente entendidas como leis racionais, especialmente no sentido do Direito Privado e Criminal. Portanto, o primeiro termo também descreve a lógica, especialmente a inferência *ab minore ad majus.* O uso da mesma palavra para lei e lógica mostra o papel importante da última no desenvolvimento da primeira.

O termo *halakhá* (caminhada, rumo, dever) designa principalmente a decisão quando se chega a uma encruzilhada, isto é, quando se enfrenta duas opiniões conflitantes. Mencionamos as regras sobre *halakhá,* tais como a decisão majoritária ou a preferência dada às

O DIREITO TALMÚDICO E A LITERATURA TALMÚDICA   33

opiniões de certos mestres sobre as dos seus colegas. Estas regras foram muito necessárias, porque desde o ano 70 não havia fórum para a tomada de decisões e as muitas controvérsias dificultavam a aplicação do Direito Talmúdico.

Todos estes termos foram mais amplos do que a lei no sentido restrito; eles incluíam não somente o que era "proibido", mas também o que se esperava das pessoas comuns e o que uma pessoa devota deveria fazer além do seu dever formal. Voltaremos a este termo mais adiante.

Portanto, o Direito Talmúdico contém uma série contínua de termos que classificam o comportamento humano. Num extremo temos o termo *hayav*, significando que uma pessoa é culpada, seja pelos padrões de justiça humana, ou diante de Deus. No outro extremo temos o termo *meshubah*, significando que uma pessoa que cúmpre o ato é digna de louvor. Entre os dois extremos os termos seguintes podem ser encontrados para expressar a grande variedade de fatores na avaliação de atos humanos: ao lado do já mencionado *hayav*, encontra-se *patur* (isento), descrevendo a absolvição da pessoa em questão ou o cumprimento do seu dever. O último termo tem também o sinônimo *yatsá yedey hovatô* (cumpriu a sua obrigação). Ao lado dos dois últimos termos, mas mais próximo de *hayav* está o conceito *ein ruah hahamim nohá hemenu* (os sábios não estão satisfeitos com ele) ou sua formulação positiva. Isto descreve atos permitidos, mas aponta para uma meta mais alta para aqueles que querem ser incluídos entre os sábios.

No meio desta série contínua de termos, temos o conceito de *reshut*, significando o arbítrio do indivíduo. Às vezes, entretanto, este termo já é usado como significando um ato positivo, que ilustra a dinâmica do Direito Talmúdico que transforma, de tempos em tempos, atos opcionais em deveres.

Em seguida encontramos *mitsvá* (mandamento) descrevendo um mandamento positivo e o mérito adquirido pelo seu cumprimento, e finalmente *meshubah* (digno de louvor), já mencionado.

4. O Estudo do Direito Talmúdico

O estudo do Direito Talmúdico baseou-se num método didático particular, que pode ser constatado através de uma análise estilística. Pelo menos em dois trechos da Mishná, encontra-se uma série de perguntas sem respostas, como se o editor apresentasse certos exercícios aos estudantes, na expectativa de que eles resolvessem os problemas por si mesmos.

O que é mais interessante ainda é o fato de que grande parte das questões são paradoxos ou enigmas, os quais criam grande expectativa no leitor. A estrutura formal de uma questão deste tipo é mais ou menos a seguinte: Existe na situação "A" algo que não existe na situação "B", e há na situação "B" algo que não existe na situação "A".

Outras formulações eram: Há somente uma diferença entre a instituição "A" e a instituição "B". "Qual é ela?" ou "Como você poderá encontrar uma situação em que determinada pessoa não tem uma certa qualidade mas está apta a transferir tal qualidade para outra pessoa?"

Estas questões, que podem ser encontradas na Mishná, no Talmude e no Midrash, representam uma forma de estudar na Academia, que buscava incentivar os discípulos a participar do processo. Temos, de fato, um exemplo deste método na "Ética dos Pais": "Ele lhes disse (aos seus discípulos): A que deve um homem apegar-se? A.B. disse: Um bom olhar; C.D. disse: Amizade; E.F. disse: Compreensão; G.H. disse: Um bom coração. Então o mestre resumiu: Aceito a opinião de G.H. porque sua resposta abrange todas as outras.

Poderíamos chamar este método de "socrático" e então surge a questão se os mestres do Talmude receberam-no da filosofia grega ou se o desenvolveram por si mesmos. A resposta parece ser afirma-

36   O DIREITO TALMÚDICO

tiva. Uma das formulações desta questão, "Como pode algo puro desenvolver-se de algo impuro?" foi realmente um versículo difícil do Livro de Jó e muitas interpretações deste versículo foram dadas por diversas gerações de estudiosos.

O *"Sitz im Leben"* (a situação na vida real) desta forma de exercício deve, portanto, ter sido o estudo de um trecho difícil da Bíblia ou do Direito Talmúdico. Os estudantes foram solicitados a apresentar suas soluções e finalmente o professor comentou sobre o trabalho deles.

À luz do que foi dito, devemos entender que a forma estilística de pergunta e resposta, prevalecente na literatura talmúdica, é o resultado do método de estudo. O mesmo pode ser dito a respeito dos recursos mnemotécnicos para memorização do Talmude Babilônico, os chamados *simanim*. Estes parecem ter sido os primeiros índices do texto, quando o estudante devia avivar a memória interpretando estes códigos.

Estas técnicas serviam também como meio para distinguir entre os iniciados e os não-iniciados e impedir que os ensinamentos fossem mal aplicados por estudantes indignos. Os enigmas, as questões, os códigos mnemotécnicos e os paradoxos eram os empecilhos a serem superados pelos estudantes antes de serem admitidos na Academia.

O método pergunta-e-resposta é usado no estudo tradicional do Direito Talmúdico até hoje e poderia ser aplicado também em outros campos da educação, ao invés da aula frontal.

Isto leva a um exame dos ideais educacionais nas Academias do Direito Talmúdico, como se nota em muitas controvérsias. Primeiro, notamos que as opiniões diferem sobre qual ocupação é preferível, a do Talmude, isto é, o estudo, ou a ação prática. A conclusão final foi a favor da primeira, porque levava à última.

Outra discussão mencionada é sobre a importância da informação e da inteligência. Um estudioso da primeira categoria é chamado de *Sinai*, o nome da montanha da Revelação, para expressar seu conhecimento de muitas tradições. O tipo oposto é chamado de "abalador de montanhas", isto é, uma pessoa que está capacitada, pela sua própria inteligência, a provar o oposto de qualquer idéia convencional. Mestres deste tipo foram o Rabino Meir e seu discípulo Simachus. Ambos podiam citar 150 razões para declarar como puro o que todos presumiam ser impuro ou vice-versa. Outro mestre que seguiu este método de exercícios intelectuais foi o Rabino Ianai, que

O ESTUDO DO DIREITO TALMÚDICO 37

disse que a Torá poderia existir somente através do método que testava qualquer questão, apresentando 49 razões a favor e contra cada solução. A suprema qualidade era, naturalmente, uma combinação de conhecimento e inteligência, o mestre que fosse *gamir* e *savir**.

Também foi feita distinção entre *limud* (estudo) e *shimush* (servir aos sábios durante a refeição e durante o estudo). O último foi considerado mais instrutivo do que o primeiro, supondo-se que a prova de todos os ensinamentos era a sua prática. Da mesma forma, uma lei emitida por um mestre num estudo teórico somente entrava em vigor se o mestre declarasse expressamente que ela deveria ser colocada em prática.

A seguir, descreverei algumas das possibilidades do estudo moderno do Direito Talmúdico, sobretudo fazendo uso de outras disciplinas.

Havia inicialmente a investigação dogmático-sistemática de normas, em contraste com o modelo do Direito Romano, como na maioria dos estudos do período mais antigo. Atualmente, o confronto exclusivo com o Direito Romano tem sido descartado, porque se diz que ele leva a uma interpretação romanística, que é freqüentemente imposta aos conceitos do Talmude. Os modelos são tirados dos sistemas legais modernos e é feito um esforço para respeitar as particularidades do Direito Talmúdico diante de um modelo legal comparativo.

O segundo método de estudo é o histórico, já mencionado, que surgiu durante o século XIX, mas que continua em uso até o presente. Assim, o sistema uniforme do Direito Talmúdico, como descrito em cada uma das fontes, pode ser analisado a fim de descrever a evolução gradual das leis e das instituições e para examinar suas relações com o ambiente, assim como para indicar seu lugar na história geral das idéias.

Novas possibilidades para o estudo do Direito Talmúdico podem ser encontradas usando métodos sociológicos. Já mencionamos a importância dos costumes em contraste com a lei teórica; um estudo constante deveria ser feito dos fatores econômicos e sociais envolvidos nos vários ensinamentos do Direito Talmúdico.

Adolph Buechler examinou a atitude dos mestres em relação ao povo inculto da Galiléia; Louis Finkelstein descreveu a diferença

---

* *Gamir* e *Savir*: expressão talmúdica que significa estudioso e compreensivo, erudito e perspicaz.

38 O DIREITO TALMÚDICO

sociológica entre os fariseus e seus adversários, os saduceus; Guedalia Alon estudou a luta pelo poder dentro da Academia e entre os sábios por um lado, e a liderança local, por outro. A pesquisa sociológica do Direito Talmúdico está bem documentada na *História Social e Religiosa dos Judeus*, de Salo W. Baron.

A psicologia também pode abrir novos rumos para um melhor entendimento do Direito Talmúdico. Vamos mencionar algumas discussões ocasionais que deveriam ser interpretadas à luz de métodos psicológicos.

Foi preservada uma controvérsia sobre o valor relativo do voluntarismo *versus* o valor da obediência a deveres legais. De acordo com um ponto de vista, um gentio que cumpre os mandamentos ou uma mulher que cumpre os mandamentos que se aplicam somente aos homens são merecedores de respeito maior do que um judeu comum do sexo masculino, ao cumprir os seus deveres. Mas um ponto de vista oposto também foi expresso e aceito pela maioria. A questão não é somente de cunho histórico, isto é, se o primeiro ponto de vista foi talvez uma reação ao cristianismo, mas ela deveria ser abordada também sob o ponto de vista psicológico.

Igualmente, a discussão no Direito Talmúdico sobre o valor de atos sem motivação positiva ou talvez negativa deve ser entendida num contexto psicológico. Os rabinos ensinaram que uma pessoa deve se empenhar na Torá, mesmo sem uma particular intenção, porque a partir do ato não-intencional ele procederá de forma a cumprir este ato com a necessária intenção.

O crime é descrito por alguns mestres como o resultado de uma perturbação mental ao invés de uma intenção deliberada. Por outro lado, encontram-se muitas especulações nas fontes talmúdicas sobre a luta entre as inclinações para o bem e para o mal, dentro de cada pessoa, e sobre a possibilidade de escolher entre ações alternativas.

Os rabinos também estabeleceram um programa de estudos para as diversas faixas etárias, e, ao mesmo tempo, pleiteavam, de acordo com o *Livro dos Provérbios*, "educar cada criança de acordo com a sua maneira peculiar". Assim, a psicologia da criança deveria realmente ser invocada a fim de decidir entre as duas atitudes ou para harmonizá-las entre si.

Do mesmo modo, a teoria da prova, com suas leis baseadas em experiências, deve ser revista com base no conhecimento psicológico.

O ESTUDO DO DIREITO TALMÚDICO

Por exemplo, as leis da admissão parcial da culpa ou do assim chamado *migo*, isto é, a inferência da verdade obtida através de argumentos potenciais, devem ser testados e explicados em termos do pensamento moderno. Grandes possibilidades para o estudo do Direito Talmúdico surgem do seu confronto com a filosofia. Já mencionamos as leis hermenêuticas que são parcialmente baseadas na lógica e, portanto, na filosofia aplicada.

Um outro exemplo mostra que é válida a visão talmúdica sobre a discrepância entre a lei ética ou religiosa e a lei da natureza. Mesmo um grão roubado vai crescer se for semeado, porque "o mundo age conforme a sua lei". Isto nos lembra da distinção feita por Kant entre o que é e o que deveria ser.

Com respeito ao cumprimento de certas regras, por exemplo, a forma quadrada dos filactérios, foi feita a observação de que "é impossível ser inteiramente exato". A norma é um ideal que jamais poderá ser completamente realizado.

As limitações resultantes do fato de que o que é divino não pode chegar até nós em sua própria forma, mas somente através da linguagem humana, já foram mencionadas. Mesmo a apresentação do próprio Deus no começo do Decálogo, "Eu sou o Senhor", é somente uma tradução insuficiente. Ainda não se chegou a uma plena conclusão filosófica desta questão.

O misticismo judaico acompanha o Direito Talmúdico ao especular sobre a Criação, o significado cósmico dos Mandamentos, de Deus e o homem. Desta forma, ele proporciona um sistema filosófico que abrange as diversas regras de comportamento e aprofunda a experiência do crente.

O conceito de idéia de Platão tem uma grande influência sobre as homilias e narrativas talmúdicas, assim como o pensamento aristotélico, em sua forma popular, deve ter influenciado no caso da lei da natureza. Outras respostas em pronunciamentos rabínicos fazem referência ao estoicismo e aos ensinamentos de Epicuro.

Em Filo de Alexandria (século I) já encontramos uma tentativa de explicação, em termos democráticos, da posição dos líderes do povo de Israel, incluindo Moisés. Saadia Gaon (século X) usa as categorias racionais para o estudo da lei, transformando-a em assunto de discurso filosófico. A impossibilidade da lei de distribuir justiça em casos marginais é descrita no *Guia dos Perplexos* de Maimôni-

40   O DIREITO TALMÚDICO

des, embora o corolário aristotélico de eqüidade e arbítrio judicial não tenha sido aceito pelo sábio judeu.

Uma mudança legal e a doutrina da imutabilidade foram examinadas por Iossef Albo; a necessidade de uma separação entre a autoridade secular e a espiritual no Estado é o objetivo do discurso de Isaac Abravanel. Inicialmente, Spinosa interpretou a Torá como um sistema legal e político, ao passo que Mendelssohn desenvolveu esta idéia distinguindo entre o aspecto legal e espiritual da religião judaica.

É desnecessário dizer que o pensamento moderno, como por exemplo o existencialismo, também deveria ser posto em contato com os ensinamentos e o Direito Talmúdico.

5. O Direito Talmúdico e Outros Sistemas Legais

A principal diferença entre o estudo tradicional e o moderno do Direito Talmúdico é o seu relacionamento com outros sistemas legais. Por exemplo, enquanto o estudioso da Lei Canônica se empenhava no estudo do *utriusque ius*, isto é, da Lei Civil bem como da Lei Canônica, o estudioso tradicional do Direito Talmúdico não goza do benefício da comparação.

Entretanto, o Direito Talmúdico deve ser interpretado à luz do seu ambiente, tanto no passado quanto no presente. Muitas de suas leis não teriam se desenvolvido em sua forma atual sem o impacto de um outro sistema legal que requeria rejeição, reação, reconhecimento ou receptividade por parte do Direito Talmúdico.

Dois exemplos de rejeição: Sempre que o mestre do Direito Talmúdico percebia que a assimilação dos judeus levaria à adoção de práticas de culto não judaicas, ele invocava a advertência bíblica contra "as leis dos gentios". Da mesma forma, era enfatizada a distinção entre a permissividade da sociedade ocidental e a tradição moral do judaísmo. Os rabinos diziam que, de acordo com a lei da sociedade do Império Romano, uma esposa podia enviar um documento de divórcio ao seu marido, ao passo que o Direito Talmúdico não permitia esta prática. Como os rabinos notaram que a igualdade das mulheres, neste ponto, seria um perigo para a estabilidade do casamento, eles não estavam dispostos a ouvir as queixas das mulheres judias e fortaleceram o papel do homem tanto no contrato quanto na dissolução do casamento. Tal atitude somente pode ser entendida dentro do contexto de rejeição da permissividade ocidental.

O exemplo seguinte pode ilustrar a reação do Direito Talmúdico diante de um outro sistema legal. No final do século I a.C., os judeus de Alexandria costumavam dissolver, sem nenhuma formalidade, um noivado, e a noiva podia casar com outro homem. Para

42 O DIREITO TALMÚDICO

os mestres talmúdicos, o noivado já era uma mudança do estado civil e deveria ser dissolvido por uma certidão de divórcio. Na opinião deles, o casamento da noiva com outro homem seria uma violação do seu estado civil anterior e os filhos seriam considerados ilegítimos. A questão foi então apresentada a Hilel e ele descobriu que a fórmula do compromisso do noivado estipulava que não havia intenção de mudar o estado civil até as núpcias. Portanto, ele declarou que o casamento era legal e os filhos, legítimos.

Esta forma de contrato de noivado foi considerada uma reação à assimilação dos judeus e aos conceitos legais helenísticos. Para resolver o conflito e evitar sofrimentos, foi acrescentado um item à cerimônia talmúdica, adiando o seu efeito, e adaptando-o às necessidades da época.

Às vezes, o Direito Talmúdico reconhece um outro sistema legal, como por exemplo a lei do país em que o povo reside. O profeta Jeremias já solicitara aos judeus da Babilônia que promovessem o bem-estar da cidade onde moravam e os rabinos pediram ao povo que respeitasse a administração, pois é necessário impedir que os fortes destruam os fracos. O mestre babilônico Mar Samuel declarou no início do século III que "a lei do reino era lei".

O Direito Talmúdico estabeleceu diversas normas para a libertação dos escravos, tais como o pagamento do preço ou uma escritura. Além disso, também reconheceu a prática da alforria do Direito Romano como um ato real e que representava a situação de homem livre (o uso de um gorro de alforriado).

Em diversos casos pode-se demonstrar que o Diretio Talmúdico incorporou uma instituição ou uma lei estrangeira. Não é fácil provar a existência de uma absorção ou que se trata de mera coincidência ou paralelismo. Entretanto, se o nome da instituição é tirado de uma língua estrangeira e se houve uma instituição similar na própria tradição talmúdica, à qual a instituição de nome estrangeiro foi acrescentada, diremos tratar-se de influência estrangeira.

Conforme tentei mostrar num artigo, estas condições foram cumpridas com relação ao *epitropos* (guardião) que é mencionado, além do conceito informal hebraico de *samehu etsel baal habait* (confiança no dono da casa). O primeiro terno, derivado do grego, representa a maior praticidade desta instituição, que levou à substituição gradual da última.

O DIREITO TALMÚDICO E OUTROS SISTEMAS LEGAIS

Uma situação similar existe entre a *hypotheke*, uma hipoteca sem transferência de posse ao credor, e a *mashkanta*, uma hipoteca menos sofisticada com transferência de posse. O primeiro termo indica sua origem helenística, ao passo que o último, derivado do aramaico, parece ser uma instituição nativa que existiu anteriormente.

Vamos enumerar, a seguir, os sistemas legais que entraram em contato com o Direito Talmúdico e descrever algumas das idéias que ele absorveu.

O Direito Neobabilônico, que foi aplicado em todo o Oriente Próximo durante o primeiro milênio a.c., teve uma grande influência sobre o Direito Talmúdico, conforme tentei mostrar num artigo dedicado a este assunto. Tomemos, por exemplo, o poder das cortes de confiscar a propriedade e entregá-la a outra pessoa, a seu critério. Este poder originou-se claramente do privilégio real concedido a Esdras e prova a aceitação de normas neobabilônicas ou persas pelo Direito Talmúdico.

As fórmulas dos documentos lavrados mencionados no Talmude e os documentos de Elefantina e Assuã, bem como aqueles da região do Mar Morto, são baseadas em modelos da tradição dos escrivãos neobabilônicos. Isto se aplica especialmente às leis de propriedade da terra e às relações de propriedades entre os cônjuges.

Pouco tem sido dito a respeito das correlações entre a Lei Demótica egípcia e o Direito Talmúdico, conforme descrito nos estudos de E. Seidl. Os documentos reunidos por Tcherikover-Fuks-Stern em seu *Corpus Papyrorum Iudaicarum* comparados ao Direito Talmúdico irão provavelmente demonstrar diversas similaridades, algumas das quais eram devidas à influência direta ou à alguma outra das relações já mencionadas.

A maioria dos contratos no Direito Talmúdico tem relação com o Direito Helenístico. Além dos exemplos já dados, desejo mencionar o *prosbule* atribuído a Hilel, no final do século I a.C. Trata-se de uma declaração feita perante uma autoridade que o credor está causando embaraços aos bens do devedor. Isto representa um controle exercido por uma autoridade local sobre cobrança de uma dívida pessoal, que mostra um estágio onde este tipo de cobrança era tolerado, mas teria que ser precedido por uma notificação. O nome e a inovação indicam a influência helenística.

O costume, originário do Egito, de mencionar a própria lei do contrato na cerimônia matrimonial, parece também derivar de uma

44 O DIREITO TALMÚDICO

prática helenística numa sociedade multinacional. Assim como os gregos costumavam dizer que os seus regulamentos eram feitos de acordo com a lei dos seus antepassados, os judeus de Alexandria também faziam referência à sua herança legal e religiosa.

O Direito Helenístico deve ter exercido muita influência durante os períodos Ptolomaico e Selêucida, especialmente sobre a classe sacerdotal e a nobreza que teve oportunidade de se assimilar. Apesar de a revolta dos Hasmoneus ter levado à restauração da tradição e da lei talmúdica, o processo da infiltração grega não cessou. Os idiomas oficiais eram o hebraico e o aramaico, mas o grego aparece nos documentos do Templo, nos nomes dos sábios talmúdicos, na tradução da Septuaginta e na prática legal em Israel, bem como na diáspora. Num vilarejo da região do Mar Morto, que nos deixou um arquivo, encontramos o idioma grego, junto com o hebraico e o aramaico, em documentos particulares do dia-a-dia.

O Direito Romano representou um papel importante suprindo a jurisdição das cortes rabínicas e a aplicação do Direito Talmúdico. De acordo com a tradição, o Direito Criminal Talmúdico perdeu a sua validade por volta de meados do século I. Desta forma, as cortes rabínicas podiam julgar somente casos civis, sendo que os casos criminais se encontravam sob a jurisdição das cortes nomeadas pelo Governador.

Ao redor do ano 135, após a revolta de Bar Kochba, mesmo a aplicação do Direito Civil Talmúdico foi abolida e os documentos não podiam mais ser escritos em hebraico ou aramaico. Os rabinos daquele tempo reconheciam o valor probatório dos documentos escritos em grego ou latim, especialmente se os documentos haviam sido depositados em arquivo público tal como o de Sefori, na Galiléia.

Legislações posteriores, especialmente o Direito Sírio-Romano, também podem ser úteis para a compreensão do Direito Talmúdico. Diversos escritos de clérigos parecem ter se originado em tradições locais que também aparecem no Talmude. Parece ter havido também contatos diretos entre os rabinos e os estudiosos sírio-romanos. O Prof. V. Aptowitzer dedicou várias publicações a este assunto.

A lei do Talmude Babilônico deve ser estudada em conjunto com fontes dos partos, persas e sassânicas, representando a situação existente nas Academias Talmúdicas. É mencionado um regulamento permitindo que alguém pague os impostos da propriedade de um infrator e assim adquira a posse dessa propriedade. O regulamento foi

O DIREITO TALMÚDICO E OUTROS SISTEMAS LEGAIS 45

atribuído ao Direito Persa e reconhecido pelo Direito Talmúdico conforme o conceito geral de reconhecimento da lei do país. Outro exemplo desta lei no Talmude é a responsabilidade imediata da sociedade pelo pagamento de uma dívida, ao passo que, de acordo com o Direito Talmúdico, o credor teria antes o direito de recorrer ao próprio devedor.

Quanto à Lei dos Sassânidas, existe um artigo de Finkelsherer, no *Monatsschrift zur Geschichte und Wissenschaft des Judentums;* outros dados sobre a sua influência no Direito Talmúdico foram examinados por Jacob Neusner.

Durante a Idade Média, o Direito Talmúdico deve ter incorporado muitas idéias do Direito Canônico, do Direito Muçulmano e das leis de diversos países. Mencionarei apenas um exemplo.

O regulamento de Mar Samuel, que a lei do país era lei, de acordo com o Direito Talmúdico, foi interpretado aplicando-se as leis do feudalismo medieval. Conforme os rabinos franceses do século XII, isso se aplicava apenas a leis antigas e não à legislação recente. Isso estava de acordo com a idéia de que a lei devia ser antiga e baseada em costumes imemoriais. De qualquer forma, os rabinos justificavam o direito da taxação, devido à idéia feudal de que a terra pertencia ao chefe supremo, o qual podia pedir a desapropriação da mesma por falta de pagamento. Portanto, os rabinos concluíram que o regulamento não se aplicava à Terra de Israel e a um governador judeu, porque todos tinham um título de posse da terra e não poderiam ser expulsos por falta de pagamento.

Em tempos modernos, o Direito Talmúdico também deve ser pesquisado em correlação com outros sistemas legais. Tomemos, por exemplo, os regulamentos para a transferência de imóveis que exigem somente um contrato que menciona o preço, ou uma escritura. Atualmente o Direito Talmúdico exige o registro no Cartório de Registro de Propriedades, de acordo com a lei do país, a qual é reconhecida por costume.

Assim, o Direito Talmúdico não se relaciona somente com os outros sistemas legais, mas também requer conhecimento destes sistemas para a compreensão do seu próprio desenvolvimento.

6. Saduceus, Essênios, Pietistas e o Direito Talmúdico

Antes da destruição do Segundo Templo no ano 70, o Direito Talmúdico era bem menos uniforme do que aparece nas fontes clássicas e muitas instituições eram disputadas pelos diferentes grupos dentro do judaísmo. O Direito Talmúdico desenvolveu-se entre os rabinos que seguiam a linha dos fariseus. Os seus adversários eram os saduceus, assim chamados em homenagem a Sadoque, um Sumo Sacerdote que era o seu líder. Um outro líder foi provavelmente Boetus, que encabeçava um outro grupo de oposição.

Quanto às posições dos saduceus, sabemos por Josefo que eles rejeitavam a alegação dos fariseus de que a Lei Oral tinha a mesma autoridade que as Escrituras. Foi uma tentativa de restaurar o verdadeiro significado da Lei Bíblica sem as interpretações, inovações e costumes que apareceram neste meio-tempo. Pela rejeição das tradições dos mestres, os saduceus reduziram o número de regulamentos e deveres que haviam se tornado opressivos para uma grande parte do povo. Por outro lado, a insistência na obediência rígida à Lei Bíblica criou uma certa rigidez na aplicação e na interpretação das Escrituras, enquanto que o tradicionalismo dos fariseus apresentava uma resposta pragmática a estas dificuldades.

Durante o período de supremacia dos saduceus no Sinédrio, ou seja, desde os últimos anos de João Hircano e durante todo o período de Alexandre Janeu, foram impostas severas penalidades aos transgressores da Lei Bíblica. O texto talmúdico, *Tratado dos Jejuns*, registra a celebração do dia festivo quando os fariseus assumiram o poder com a ascensão de Salomé Alexandra ao trono. Foi o dia em que o livro de leis dos saduceus foi anulado e os fariseus declararam que a sua própria tradição era a norma em vigor no Sinédrio.

Durante o primeiro período, no tempo de Shimon ben Shetah, os fariseus impuseram penalidades cruéis contra os transgressores da

48   O DIREITO TALMÚDICO

lei, mas adotaram mais tarde um sistema mais indulgente que quase transformou os regulamentos da lei criminal em mera teoria.

De acordo com a Mishná, os saduceus impuseram penalidade severa pelo falso testemunho após a realização da transgressão, enquanto que os fariseus impuseram-na mesmo em caso de uma tentativa apenas, mas sujeita a limitações estritas. Neste caso, portanto, a tendência dos saduceus era mais indulgente do que a dos fariseus.

Outra controvérsia entre os saduceus e os fariseus referia-se à responsabilidade vicária do amo por estragos causados pelo seu escravo. Os primeiros culpavam o amo pelo prejuízo causado pelo seu escravo, enquanto que os fariseus usavam um argumento teleológico para absolver o amo: se o amo era responsável, o escravo podia causar o prejuízo intencionalmente para acarretar despesa ao seu dono. Aqui os saduceus ampliaram a aplicação da Lei Bíblica, e os fariseus concordaram em princípio com a ampliação, mas usaram razões utilitárias para não fazê-lo.

Os saduceus e os fariseus também sustentavam opiniões opostas sobre os direitos de herança de uma filha junto com a filha do filho. Os fariseus basearam-se na idéia da representação, ou seja, consideravam a filha do filho, como o filho e, portanto, davam a herança somente a ela. Os saduceus, por outro lado, não aceitavam este ponto de vista e, portanto, dividiam a herança entre as duas mulheres.

Um comentário acrescentado na Idade Média ao *Tratado dos Jejuns* atribuía aos saduceus a opinião de que a Lei de Talião — "olho por olho" — devia ser interpretada literalmente. Do mesmo modo, dizia-se que os saduceus haviam interpretado literalmente os regulamentos referentes à acusação contra uma noiva de que ela não era virgem, e à cerimônia de "descalçar o sapato" para liberar a viúva do dever do levirato. É possível que estas opiniões tenham sido interpretadas para mostrar o absurdo de um sistema que não seguia a Lei Oral e que eles, os fariseus, não representavam uma tradição dos saduceus.

Em todo caso, o Direito Talmúdico deve ser visto em relação com a pluralidade das idéias existentes antes da destruição do Segundo Templo e que algumas das normas do Direito Talmúdico significavam rejeição ou reação aos conceitos dos saduceus.

O mesmo pode ser dito com relação ao segundo grupo do judaísmo não-talmúdico, os essênios. De acordo com Filo de Alexandria e Josefo, os essênios eram uma comunidade de cerca de 4.000 mem-

SADUCEUS, ESSÊNIOS, PIETISTAS E O DIREITO TALMÚDICO   49

bros que se dedicavam ao culto e à vida religiosa. Eles eram um tipo de *eranos*, similar às comunidades gregas de praticantes do culto, no Egito.

Entre as características do grupo estavam o complexo processo de admissão, a estrita obediência aos superiores e a democracia praticada na eleição de dirigentes. A administração da justiça era reservada a um fórum de cem pessoas, provavelmente representando a assembléia geral, enquanto que os negócios comuns requeriam a presença de dez pessoas. Foram mencionadas diversas punições a serem infligidas aos infratores da lei, sendo a mais severa a expulsão do grupo.

Os essênios praticavam a *koinonia*, ou seja, a comunhão de propriedade e de refeições. Alguns se opunham à sexualidade e ao casamento, ao passo que a maioria se casava. A sua oposição à escravidão foi provavelmente um reflexo da influência estóica. Os essênios também evitavam fazer juramentos, mesmo para afirmar a verdade, e suas opiniões constam da literatura talmúdica bem como nos Evangelhos.

Normas similares foram praticadas pela Comunidade do Mar Morto e pelos seus correligionários em Damasco. Os seus regulamentos foram estudados e interpretados por L.H. Schiffman em *Sectarian Law in the Dead Sea Scrolls*, 1983, e em um grande número de outros escritos. Lemos sobre seus procedimentos, sobre a iniciação dos noviços, organização de grupos etários e sobre exames anuais dos seus membros. Além dos dirigentes eleitos, o sacerdócio foi mencionado com respeito a numerosas funções. A reunião da totalidade dos membros era necessária para a legislação e a eleição dos dirigentes. Entre as punições havia a desqualificação do testemunho, punição esta também mencionada no Direito Talmúdico.

A Comunidade do Mar Morto praticava a monogamia e proibia o casamento entre tio e sobrinha. O primeiro regulamento também aparece no *Pergaminho do Templo*, ao qual dediquei um artigo. Estas inovações na lei matrimonial refletem-se no Direito Talmúdico através da rejeição: Dizia-se que o rei podia casar com 18 mulheres, e o casamento com a sobrinha era considerado meritório.

Neste contexto, podemos admitir que os primeiros cristãos praticavam a Lei Talmúdica, sujeita a uma nova interpretação. Entre eles, também se pode notar a oposição ao mundanismo, à sexualidade e até ao casamento. A idéia da monogamia reflete a prática da

50 O DIREITO TALMÚDICO

Comunidade do Mar Morto e dos essênios, e a rejeição do divórcio é comparável às atitudes pietistas da Escola de Shamai, ainda que inferida de uma conclusão legal. Os cristãos aceitaram as idéias igualitárias do estoicismo no que se refere às mulheres, aos gentios e aos escravos, a fim de atrair estes grupos à sua fé. Eles provavelmente concederam direitos iguais de sucessão aos homens e às mulheres.

Entre os ensinamentos atribuídos a Jesus podemos distinguir três idéias, que refletem as diferentes fases do argumento cristão diante da Lei Talmúdica. O primeiro estágio foi a afirmação de que Jesus não veio para menosprezar a lei mas para acrescentar a ela certas normas morais. Esta reivindicação acompanha a linha de ensinamentos rabínicos da época, especialmente aqueles expressos pelos pietistas.

Na segunda fase, a reivindicação era de que certos regulamentos da lei eram concessões às fraquezas humanas *(sklerokardia)*, mas que uma pessoa deveria tentar superá-las e buscar um padrão mais elevado. Esta fase, também, tem seu paralelo no pensamento talmúdico, onde a lei referente a uma mulher cativa *(Deut. 20:10-14)* é interpretada como uma concessão à fraqueza humana.

Entretanto, a terceira reivindicação, que está expressa no Sermão da Montanha, não poderia ser compreendida de acordo com o Direito Talmúdico normal. Nenhum ser humano podia apresentar seu ponto de vista contra o da lei divina, e esta reivindicação representa, por si mesma, a aspiração de Jesus a ser reconhecido como legislador supremo. A resposta rabínica a esta formulação era dupla. Não havia prova de que Jesus era realmente um verdadeiro profeta, e mesmo se fosse, nenhum profeta podia desprezar a Lei de Moisés.

Um outro grupo existente durante o século I, e que imprimiu uma forte marca sobre a Lei Talmúdica, foi o dos *Hassidim* (pietistas), *Haverim* (associados) ou *Neemanim* (curadores). Assim como os grupos de essênios, a Comunidade do Mar Morto e os primeiros cristãos, eles viviam num círculo fechado, tentando implantar as idéias de Israel e do Templo em seus próprios lares. De acordo com a repercussão das suas práticas no Talmude, entendemos que seu modelo foi seguido pelo povo em geral e tornou-se parte do Direito Talmúdico. Na realidade, os próprios fariseus foram originalmente um grupo de pessoas que "se afastavam do mal" ou "da impureza" e muitas destas características foram compartilhadas com outros grupos elitistas.

SADUCEUS, ESSÊNIOS, PIETISTAS E O DIREITO TALMÚDICO   51

Entre as práticas especiais dos pietistas achavam-se a preparação prévia e a intenção durante as rezas, a disposição de oferecer suas vidas pela lei, a implantação de leis de pureza à mesa (transformando a mesa num altar), doar uma pequena parte dos seus rendimentos a favor dos sacerdotes, levitas e pobres, e estender a mão ao próximo. Temos diversas normas que deveriam ser seguidas quando do ingresso no grupo dos pietistas. Algumas delas se referem à pureza, outras a dízimos e havia também uma Mishná inteira de pietistas, contendo suas responsabilidades para com outras pessoas, que iam além de cuidados normais. Enumerei uma série de regulamentos, principalmente na lei de delitos, que foram introduzidos nos ensinamentos especiais dos grupos pietistas e, assim, incorporados à Mishná geral e ao Direito Talmúdico.

Outras idéias que se originam dos círculos pietistas são as seguintes:

Além do cumprimento dos mandamentos, uma pessoa era estimulada a fazer o que é justo e bom aos olhos de Deus *(Deut. 6:18)*, que Rabi Akiva interpretou como uma coisa que devia ser boa também aos olhos do próximo. Assim, um devoto devolveria, em qualquer época, os bens de um devedor faltoso que tivessem sido tomados por qualquer credor (T.B.* *Bava Metsia 35 a)*. Uma lei estrita tinha um prazo de vigência, após o qual o devedor não mais poderia recuperar sua propriedade. Esta inovação pietista, que tinha seu paralelo na Eqüidade Inglesa Medieval, foi incorporada ao Direito Talmúdico comum.

Outra instituição derivada do princípio de "justo e bom" é o respeito pelo interesse do vizinho na propriedade de alguém. Sempre que um terreno é oferecido para venda, o vizinho tem a prioridade de compra (T.B. *Bava Metsia 108 a)*. Este direito foi primeiramente reconhecido no círculo fechado dos pietistas e tornou-se parte da lei normal.

Às vezes um regulamento do Direito Talmúdico era explicado como sendo o padrão aplicado na corte humana, entretanto, a pessoa que desejava agradar à corte celestial deveria seguir um padrão mais elevado *(Mishná Bava Kama 6:4; Tossefta Bava Kama 6:16-17)*. Novamente, um regulamento deste tipo expressava a insatisfação mo-

---

* T.B.: abreviatura para Talmude Babilônico.

52   O DIREITO TALMÚDICO

ral com o regulamento original e sua substituição gradual por outro mais satisfatório. Nem todos estes padrões elevados eram voltados para todo o mundo. Alguns permaneceram como "regulamentos dos piedosos", mas foram incluídos nas fontes literárias lidas por todos (T.B. *Bava Metsia 52 b, Shabat 120 a*).

De acordo com outra sistemática, provavelmente também derivada dos círculos pietistas, uma pessoa não devia usufruir de todos os seus direitos, mas levar em consideração as necessidades do seu próximo. Tal consideração é chamada "dentro das fronteiras da lei" (T.B. *Bava Kama 99 b; Bava Metsia 30 b*), e é contrária à atitude de "deixar a fronteira perfurar a montanha", que é a insistência no direito de cada um, levada ao extremo.

Esperava-se que uma pessoa comum se comportasse de acordo com a lei, mas o pietista não deveria dar motivos de queixa ao seu mestre. Esta obrigação adicional passou a fazer parte da lei geral *(Mishná Bava Metsia 4 b, 6; Tossefta Guitin 3:1; Bava Metsia 4:22)*, para possibilitar a todos se tornarem pietistas.

Da mesma forma, dizia-se que tal comportamento causaria satisfação aos mestres e outros comportamentos causariam insatisfação *(Mishná Shevuot 10:9; Bava Batra 8:5)*. Tal sistemática demonstra a insatisfação entre as pessoas sensíveis para com o padrão geral da lei e sua tentativa de alcançar um padrão mais elevado. Este processo parece ter ocorrido nos grupos pietistas e então incorporado ao Direito Talmúdico.

7. Gênese e Fontes do Direito Talmúdico

Os problemas sobre a gênese do Direito Talmúdico têm sido objeto de meu interesse durante muito tempo e faço referência a esta pesquisa em meu livro *Introduction to Jewish Law of the Second Commonwealth*, Leiden 1972-8, cap. 1.

Quero enfatizar que a gênese do Direito Talmúdico ocorreu quando se acreditava ser possível uma mudança da Lei Bíblica. Penso que os primeiros sinais desta possibilidade foram as mudanças feitas por ocasião da transcrição das Escrituras do hebraico para o aramaico (assírio). Esta mudança aconteceu durante o século VI a.c. no exílio babilônico e foi aceita por Esdras. Esta mudança, que foi rejeitada pelos samaritanos, representa a responsabilidade de cada geração em tomar decisões para a implantação da Lei, para anular um regulamento ou para mudá-lo.

Outra afirmação do direito à mudança acha-se na democratização do estudo pelos escribas e fariseus em oposição à tradição sacerdotal que reivindicava o monopólio da interpretação. Todos foram convidados para juntar-se aos estudiosos e participar no processo de tomada de decisões. Novas idéias eram bem-vindas.

Além do mais, o trabalho dos membros da Grande Assembléia, especialmente para construir "uma cerca ao redor da lei", expressava a sua autoridade. A lei da Torá não era uma lei rígida contida em livros, mas tinha que ser examinada à luz da realidade. Sempre que se notava que a observância de algum mandamento levava à negligência de um mandamento mais sério, o estudioso era chamado para intervir e efetuar a escolha entre os dois. Como resultado, eles tinham o direito de suspender o primeiro por um tempo ilimitado, construindo uma "cerca" ou um "decreto".

Através destas atitudes que foram tomadas pelos fariseus e mestres talmúdicos, o Direito Talmúdico, diferentemente da Lei Bíblica,

54 O DIREITO TALMÚDICO

nasceu como um sistema vivo. Por outro lado, os saduceus rejeitaram estas inovações, e, de acordo com a opinião deles, a lei talmúdica era uma interpretação errônea das Escrituras.

Falando sobre as fontes do Direito Talmúdico, devemos distinguir entre fontes literárias, que já foram descritas, e serviços legais que dão autoridade às respectivas normas e instituições. Iniciemos com costumes que eram a principal fonte da lei até a cristalização dos seus regulamentos. Conta-se que, no final do século I a.c., Hilel discutiu com os membros da família Betira sobre uma questão de regulamentos contraditórios. Após usar diversos argumentos, ele finalmente se referiu à força do costume, dizendo: "Deixem a decisão para os Filhos de Israel, pois se não são profetas, são os descendentes dos profetas". O costume é, portanto, uma expressão da vontade divina, conforme a máxima "vox populi vox Dei" (T.B. *Pessahim 66 a*).

Neste caso o costume estava claramente *contra legem*, apesar de que, sob o ponto de vista de outra lei, seria *secundum legem*. Hilel saiu da pobreza e ignorância e enfrentou as maiores autoridades do seu tempo reivindicando a nobreza e sabedoria de muitas gerações. A sua confiança nos costumes deve ter sido revolucionária em muitos sentidos e foi uma grande contribuição para a viabilidade do Direito Talmúdico.

É desnecessário dizer que o costume desempenhou um papel importante nos negócios diários. Além dos métodos tradicionais na negociação de bens móveis, como, por exemplo, o erguer a mercadoria, o Direito Talmúdico reconhecia o costume dos mercadores de vinho. Quando o comprador deixava a sua marca no recipiente de vinho, a transação era considerada concluída e não podia ser cancelada (T.B. *Bava Metsia 74 a*). Novamente, este costume era *contra legem*, mas. mesmo assim. foi aceito pelo Direito Talmúdico.

Com tanto mais razão, o costume *praeter legem* foi reconhecido. A máxima talmúdica dizia que quando um problema legal estava sem solução, devia-se sair da academia para observar a prática do povo e adotar seus costumes (T.B. *Berahot 45 a; Pessahim 54 a; T.J.* Peá 7:6, 20c*).

Entretanto, diversas vezes lemos sobre críticas feitas aos costumes locais pelos estudiosos talmúdicos *(Mishná Eruvin 10:10;* T.B.

---

* T.J.: abreviatura para Talmude de Jerusalém (de Israel).

GÊNESE E FONTES DO DIREITO TALMÚDICO 55

Hulin 6 b, 63 a; Bava Metsia 69 b). O costume contradizia freqüentemente não só a lei talmúdica como também a Lei Bíblica, e os rabinos sentiam a necessidade de limitar a sua aplicação. Por outro lado, algumas das ordenações rabínicas foram chamadas de "costumes" *(Mishná Rosh Hashaná 4:1; Tossefta Rosh Hashaná 4:3),* que mostrava que a validade destas leis era o resultado de vista extralegal.

A mais notável afirmação com relação ao costume é a máxima: "o costume quebra a lei", que, por diversas vezes, é mencionada no Talmude *(Mishná Bava Metsia 7:1; T.B. Bava Metsia 83 a, T.J. Bava Metsia 7:1, 11 b; Mishná Ievamot 12:1; T.J. Ievamot 12:1, 12 c).* O regulamento é usado com relação à responsabilidade do empregador pela alimentação dos trabalhadores, o que significa que, no direito privado, aquilo que é *ius dispositivum,* era reconhecido como costume *contra legem.* Isto também é usado com relação à cerimônia de descalçar o sapato, pela qual uma viúva é liberada do dever do levirato. Neste segundo caso, trata-se de um assunto de estado civil pessoal e de grande importância religiosa, e não era de se esperar que o costume quebrasse a lei. Entretanto, neste caso, a própria lei estava em discussão. O costume realmente só contradizia a lei de acordo com algumas opiniões, mas não de acordo com outras. Ainda que, de acordo com algumas opiniões, o costume quebrava a lei, na verdade, era uma forma de solucionar o conflito.

A questão é se um regulamento se aplicava somente às mencionadas circunstâncias ou se poderia ser usado também em outros casos. Alguns estudiosos adotaram a primeira opinião, a qual realmente expressa uma atitude negativa em relação à mencionada máxima e deseja limitar sua aplicação ao mínimo necessário.

Entretanto, qualquer máxima deveria ser interpretada de acordo com sua própria formulação e somente em segundo lugar, de acordo com suas citações e uso por fontes posteriores. O significado da máxima parece ser uma antítese do Direito Talmúdico e ele deve ser tomado como uma afirmação pelos incultos, que mantinham a validade deste costume, em oposição aos críticos. Estes últimos solicitaram que mudassem os costumes *contra legem,* ao que os primeiros responderam que os costumes tinham realmente precedência sobre a Lei.

Os costumes devem ter sido a fonte de normas fora da cidade de Jerusalém, entre o povo comum. Quanto maior o número de

O DIREITO TALMÚDICO

cláusulas da lei talmúdica, maior era a demanda, por parte dos talmudistas, para substituir os costumes por leis. Desta forma, a máxima foi originalmente de efeito contrário à lei e expressava o ponto de vista extralegal.

Um fenômeno interessante é o fato que os mestres do Talmude aceitaram a máxima a fim de dar-lhe uma função limitada. Desta forma, eles neutralizaram esta máxima e evitaram que ela fosse usada contra a Lei Talmúdica em geral.

A última assertiva referente a costumes no *Tratado dos Escribas* limita o seu uso ao extremo. O costume era válido somente se aprovado pelos mestres. Isto colocava-o sob o controle da lei e evitava que o costume *contra legem* se tornasse efetivo.

Porém, mesmo nas fontes mais recentes, o costume era importante para determinar a validade de qualquer parte da legislação humana. Qualquer inovação que não fosse aceita pelo povo era invalidada, e qualquer legislação que tivesse perdido sua convicção poderia facilmente ser desprezada pela corte, mesmo não sendo esta do mesmo nível da corte que criara o regulamento.

Outra fonte do Direito Talmúdico é o precedente, ou seja, um caso verdadeiro que foi resolvido e que deu origem a um regulamento. Há muitos exemplos disto na Mishná *(Shabat 24:5, Bava Batra 10:8, Eduiot 2:3)* e em outras fontes literárias talmúdicas.

Já foi mencionada a preferência da prática junto ao mestre ao estudo teórico (T.B. *Berahot 7 b).* A finalidade era, naturalmente, a aquisição de experiência prática baseada em decisões em casos reais. Já mencionamos, também, a sistemática que dava autoridade a uma resposta rabínica: se ela fosse dada como opinião legal para ser implantada na prática, podia-se confiar nela, caso contrário, seria tomada como teoria pura (T.B. *Bava Batra 130 b).*

Da mesma forma, lembramos o dito de que o estudo era mais importante do que a prática, porque o primeiro levava à segunda. Se considerarmos no presente contexto, isto poderia significar que, entre duas autoridades, sendo uma a tradição teórica, e a outra, o precedente, a primeira é de maior importância. Se esta interpretação é correta, isto significaria menos ênfase sobre a lei feita por um juiz, e mais sobre a jurisprudência.

A próxima fonte do Direito Talmúdico é a razão. Ela é usada em diversos tópicos da Mishná e é freqüentemente expressa em máximas da lei derivadas da experiência. Um exemplo é a máxima que

GÊNESE E FONTES DO DIREITO TALMÚDICO 57

reza "a boca que criou a situação de proibição pode depois criar a situação de permissão" *(Mishná Ketubot 2:5)*. Assim, uma mulher que afirmou que foi casada anteriormente é digna de confiança quando diz que se divorciou. Se se tomasse conhecimento do seu casamento por meio de testemunhas, a afirmação dela, de que era divorciada, não seria suficiente, a menos que fosse apoiada por provas. Entretanto, já que o casamento foi estabelecido somente pela sua própria afirmação, o divórcio foi considerado como suficientemente estabelecido. Esta máxima derivou da razão.

O uso da razão era mais comum nas academias babilônicas e proporcionava a base para muitos regulamentos. Um mestre não somente devia ser *gamir*, ou seja, conhecedor das tradições, mas também *savir*, ou seja, inteligente e racional.

Os estudiosos de Pumbedita eram conhecidos especialmente pela sua agudeza de raciocínio, que lhes permitia passar um elefante pelo buraco de uma agulha. O raciocínio agudo foi chamado de *pilpul*, da mesma raiz que *pilpel* (pimenta).

Nas academias babilônicas o regulamento de que o ônus da prova recai sobre o queixoso, derivou da razão: "É lógico que o paciente vai ao médico e não o contrário" (T.B. *Bava Kama 46 b*).

Do mesmo modo, os rabinos consideraram o problema de quando uma pessoa pode matar outra pessoa para salvar a sua própria vida. Se a outra pessoa era um agressor, e matá-lo seria a única maneira de salvar-se, esta morte era justificada. Contudo, se esta pessoa não fosse um agressor, não havia justificativa para matá-la. "A razão diz que você não pode considerar seu próprio sangue como sendo mais valioso do que o de outra pessoa" (T.B. *Sanedrin 74 a*).

Este problema deve ter sido discutido durante a época da perseguição no século II, como foi explicado por David Daube em seu livro *Collaboration with Tyranny*. Nenhuma prova das Escrituras foi apresentada, mas a razão era uma base suficiente para o regulamento.

Uma outra fonte do Direito Talmúdico era a legislação humana. Já mencionamos a máxima dos membros da Grande Assembléia de que deveria ser criada uma "cerca" ao redor da lei. São sinônimas as palavras *guezerá* e *takaná*, cuja tradução literal seria o conserto de uma cerca. Existe uma justificativa para a legislação humana, mesmo quando esta causa a anulação de uma Lei Bíblica a fim de proteger todo o sistema. Um exemplo disso são os regulamentos que

58   O DIREITO TALMÚDICO

anulam o mandamento de apanhar um ramo de palmeira na Festa dos Tabernáculos, se a festa caía no sábado. Os rabinos que criaram esta "cerca" acharam necessário evitar a profanação do Shabat, que, em sua opinião, era muito pior do que o não cumprimento de um mandamento relativo à festividade (T.B. *Rosh Hashaná 29 b*).

Às vezes, a legislação rabínica servia para suplementar o que estava estipulado num contrato de casamento. Esta legislação era chamada de "Estipulação da Corte" *(Mishná Ketubot 4:12*, T.B. *Bava Kama 80 b)*. Ela se baseava na suposição de que a pessoa tencionava realmente fazer a estipulação, de modo que a legislação se justificava pelo consentimento.

Na maioria dos casos a legislação era baseada num pensamento teleológico, ou seja, na percepção de que um certo regulamento levava a resultados indesejáveis e que a mudança do mesmo seria benéfica. Freqüentemente o raciocínio é o seguinte: "É melhor fazer um regulamento "X" do que permitir que o indesejável "Y" aconteça" (T.B. *Temurá 14 b; Mishná Berahot 9:15;* T.B. *Iomá 69 a;* T.B. *Menahot 99 a,* cf. *Law and Religion, The Jewish Experience,* cap. 3, de minha autoria).

Em assuntos de direito privado, a legislação podia confiscar uma propriedade particular ou transferir a sua posse de uma pessoa para outra. Mesmo sem legislação, o juiz tinha poder plenipotenciário em questões de propriedade. Como já mencionamos, este poder derivou do privilégio real concedido a Esdras *(Esdras 10:8;* T.J. *Shekalim 1:2, 46 a; Peá 5:1, 18 d).*

Em assuntos de lei criminal, havia a possibilidade de estabelecer decretos de emergência impondo severas punições e criando novas transgressões. Isto foi provavelmente um resultado da revolta dos Hasmoneus e foi justificada como proteção do sistema (T.B. *Sanedrin 46 a).*

Às vezes, a legislação permitia o que era proibido pela Lei Bíblica a fim de salvar o sistema (T.B. *Ievamot 90 b).* Supunha-se que tal ato era justificado pelas necessidades da época e limitadas apenas àquele período (T.B. *Ievamot 90 b).* Conforme o Código de Maimônides, isto era comparável à amputação de uma perna para salvar a vida do paciente.

Uma autoridade rabínica, naturalmente, não usaria facilmente destes poderes de longo alcance por respeito aos seus predecessores.

GÊNESE E FONTES DO DIREITO TALMÚDICO

Este regulamento se aplicava somente no caso da autoridade rabínica sentir-se mais qualificada do que a corte que tinha estabelecido a norma anterior. Como os rabinos respeitavam seus predecessores, raramente faziam uso do direito de anulação, apesar da existência do mesmo *(Mishná Eduiot 1:5)*.

Nenhuma menção é feita à legislação democrática em nível nacional, já que a maioria dos regulamentos foram redigidos após a destruição do Segundo Templo. Entretanto, no plano local, o Direito Talmúdico se refere à legislação democrática. Os cidadãos tinham o direito de estabelecer leis locais e impor punições aos transgressores *(Tossefta Bava Batra)*.

Além do mais, certos regulamentos foram atribuídos à aquiescência popular (T.J. *Avodá Zará 2:9, 41 d;* T.B. *Avodá Zará 36 a)*, o que é uma forma de legislação democrática e similar ao conceito de *ijma* na Lei Muçulmana.

A questão se a democracia pode ser integrada no sistema do Direito Talmúdico é de grande interesse; tentei examinar o assunto em meu livro *Law and Religion, The Jewish Experience*, cap. 4.

A última fonte do Direito Talmúdico é a interpretação das fontes antigas. Já mencionamos as regras hermenêuticas para a exegese das Escrituras. Regulamentos similares foram aplicados na interpretação da Mishná e de outros textos autorizados, como por exemplo, a *Mishná Ketubot 4:6.*

Além do mais, às vezes um regulamento era criado pela interpretação de frases correntes usadas por gente comum. Um exemplo disso é como Hilel legitimou a dissolução informal dos noivados entre os judeus de Alexandria *(Tossefta Ketubot 4:9;* T.J. *Ketubot 4:8, 28 d;* T.B. *Bava Metsia 104 a)*.

Da mesma maneira, a interpretação da linguagem comum foi usada para determinar os direitos e deveres nos contratos e promessas (T.B. *Nedarim 51 a, 63 a; Bava Batra 143 b)*. Estes métodos nos lembram das pesquisas sociológicas modernas que são usadas no processo de legislação e adjudicação.

8. O Templo, os Sacerdotes e o Direito Talmúdico

A administração do Templo e as tradições dos sacerdotes imprimiram sua marca no Direito Talmúdico, como tentei demonstrar em meu livro *Introduction to Jewish Law of the Second Commonwealth*, cap. 3, e no meu artigo publicado em *Proceedings of the World Congress of Jewish Studies*, Jerusalém, 1972, pp. 125-129. A quinta parte da Mishná é dedicada ao Templo e aos sacerdotes, mas estes assuntos também são mencionados em outras passagens. O material histórico a respeito do Templo pode ser encontrado não somente em tratados como *Tamid* (sacrifício diário) e *Midot* (normas do Templo), como também em *Iomá* (Dia do Perdão) na parte referente às festas.

Este material, que foi certamente de interesse especial para os sacerdotes, deve ter se tornado parte do Direito Talmúdico quando os fariseus dominaram o Sinédrio, mais ou menos no ano 76 a.C. Naquela ocasião, os mestres precisavam estar familiarizados com a administração do Templo e a Lei Sacerdotal a fim de reorganizá-las de acordo com a Lei Oral.

Durante o regime dos saduceus, o Sumo Sacerdote foi provavelmente escolhido pelos seus pares e atuou como seu representante. Contudo, de acordo com os novos conceitos, ele era o representante do Sinédrio e foi solicitado a confirmar a sua lealdade para com as tradições farisaicas. A liturgia, os regulamentos da administração do Templo e o *status* dos sacerdotes tornaram-se, assim, parte do Direito Talmúdico.

Originalmente, os sacerdotes e os saduceus participaram das sessões do Sinédrio e sua palavra era provavelmente decisiva. A frase bíblica "Todo Israel" foi interpretada assim: "Isso significa o Sinédrio composto de sacerdotes, levitas e israelitas". Após a mudança de rumo, ao redor do ano 76 a.C., o Sinédrio tornou-se principalmente uma academia rabínica, liderada por um sábio talmúdico, apesar de

62 · O DIREITO TALMÚDICO

que, em assuntos do Templo, o Sumo Sacerdote presidia, e os assuntos do país eram provavelmente discutidos quando o rei ou o seu representante estivessem na presidência.

Alguns dos sacerdotes devem ter exigido que as decisões do Sinédrio fossem válidas somente quando tomadas com a sua participação. A resposta rabínica foi que a composição ideal do Sinédrio realmente exigia a participação de sacerdotes, mas que decisões *a posteriori*, sem sua participação, eram válidas. Assim, o Direito Talmúdico solucionava todas as questões do Templo e dos Sacerdotes.

Entretanto, além do Sinédrio e das outras cortes rabínicas, havia cortes especiais de sacerdotes que divergiam em certos assuntos da lei. Originalmente, estas cortes haviam sido provavelmente criadas para faltas disciplinares, como, por exemplo, para julgar um sacerdote que dormira durante o seu turno.

Mas estas cortes, às vezes, aplicavam a lei de forma diferente daquela dos rabinos. Por exemplo, elas agiam contra o casamento entre uma moça de família sacerdotal com um israelita, exigiam o dobro do dote para uma noiva filha de um sacerdote e tomavam atitudes rígidas em muitas controvérsias.

Estes pontos de vista sacerdotais estão incluídos na Mishná como variante legítima da Lei Talmúdica; estes não eram mais pontos de vista externos à Lei Oral dos fariseus, mas haviam se tornado parte do sistema.

Às vezes, podemos encontrar a origem de certos regulamentos do Direito Talmúdico em sua fonte sacerdotal ou no seu contexto dentro da administração do Templo, quando consideramos sua localização dentro do sistema. Regulamentos referentes à execução de dívidas são encontrados na quinta parte da Mishná que trata de assuntos do Templo.

Não existia um sistema regular de coleta de taxas fora da administração do Templo, de modo que qualquer regulamento existente deve ter se originado ali. Mas, uma vez que tais regulamentos se cristalizaram, também passaram a ser considerados pelos padrões comuns e tornaram-se parte do Direito Talmúdico.

Tomemos, como exemplo, o regulamento de execução de hipoteca, que permitia ao devedor salvar sua propriedade durante um certo período, oferecendo o pagamento da dívida *(Mishná Arahin 6:1)*. Este regulamento deve ter surgido no tribunal executivo do Templo e, então, se estendeu às dívidas comuns.

O TEMPLO, OS SACERDOTES E O DIREITO TALMÚDICO   63

Da mesma maneira, o regulamento isentando o embargo de: "comida por 30 dias, roupas por 12 meses, lençóis, sandálias e filactérios ... e se o devedor fosse um trabalhador — duas ferramentas de cada tipo" *(Mishná Arahin 6:3; Tossefta Arahin 4:6)*, passou da prática no Templo para o Direito Talmúdico. ·

Outro regulamento que foi criado na administração do Templo e depois adotado por outras instituições do Direito Talmúdico, era o consentimento virtual. Originalmente, este regulamento era aplicado quando uma pessoa tinha feito uma promessa de fazer um sacrifício e depois não a cumpria. O problema era como solucionar esta situação. Por um lado, a administração do Templo devia exigir que a oferenda fosse feita; por outro lado, não havia valor numa oferenda sem a vontade espontânea do ofertante. Para solucionar este dilema, dizia-se que a pessoa que fez a promessa devia ser forçada a ter boa vontade, isto é, "devia ser forçada a expressar a sua boa vontade" *(Mishná Arahin 5:6)*.

Assim, fazia-se uso da suposição de que o ofertante o fazia de sua livre vontade e a mesma suposição era aplicada para forçar a entrega de um documento de divórcio. O regulamento originou-se na administração do Templo e foi estendido à lei do divórcio.

A propósito, Maimônides explica este regulamento pela conjetura de que todos realmente desejavam fazer o bem e seguir o regulamento da corte competente. Era somente a assim chamada fraqueza humana que impedia alguém de cumprir o seu dever, e a pressão da lei teria o objetivo de fazer a pessoa externar a sua boa índole. Este argumento, algo escolástico, serve para justificar a imposição do divórcio apesar da necessidade de haver livre vontade por parte do marido. Diríamos que a necessidade da espontaneidade está sujeita à necessidade da imposição judicial e que temos aqui um caso de "espontânea vontade" suposta ou virtual.

Outra indicação que derivou da administração do Templo são os vários regulamentos referentes a fundos de caridade. Uma promessa de caridade é obrigatória segundo o Direito Talmúdico, mesmo se feita oralmente. Apesar de o Direito Talmúdico desconhecer o conceito de contrato consensual, mas exigir um ato por parte do comprador, em assuntos de caridade a mera promessa oral é comprometedora. Este regulamento foi inicialmente desenvolvido no Templo e então estendido à caridade em geral. Da mesma forma, o regulamento do Templo de que um funcionário sozinho não podia efetuar

64 O DIREITO TALMÚDICO

a cobrança, devendo haver dois coletores que pudessem fiscalizar um ao outro, foi também aplicado para a caridade comum na administração pública em geral.

A instituição do *mandatum* na Lei Talmúdica foi inteiramente copiada do Templo. Isto é indicado pelas maneiras excepcionais de como esta mediação é criada e extinta. No Direito Talmúdico, tal representação, ao contrário de outras disposições, pode ser criada por um mero pronunciamento oral e extinta unilateralmente por qualquer uma das partes, pelo mandante ou pelo mandatário. O motivo desta anomalia é a ambiência original desta instituição do Templo. Sempre que um sacerdote realizava um ato de sacrifício em favor de um leigo, ele agia como seu representante e esta representação dependia mais da intenção do que das formalidades legais. Estes mesmos regulamentos foram então aplicados à representação secular.

Conforme os regulamentos do Templo, quando um contrato de venda era efetuado entre o fornecedor de mercadorias e os representantes do Templo, os últimos estavam em posição de superioridade quando houvesse mudanças de preços *(Mishná Shekalim 4:9)*. A honra de ser um fornecedor do Templo era provavelmente uma compensação suficiente para justificar este regulamento. Um regulamento semelhante desenvolveu-se mais tarde no Direito pós-Talmúdico, ou seja, em qualquer controvérsia entre um indivíduo e um fundo público, o último seria beneficiado pela dúvida.

As propriedades do Templo eram isentas de diversos regulamentos, tais como depósitos, lucro excessivo, proibição de juros e outros. Isenções similares foram então concedidas a outras categorias de propriedades. A razão para a isenção original era o proveito da administração. Fundos a favor de viúvas e órfãos, por exemplo, eram depositados nos cofres' do Templo por segurança e para permitir à administração efetuar operações bancárias. Portanto, dizia-se que um empréstimo de dinheiro a juros, apesar de proibido entre os judeus, era permitido à administração do Templo. Esta mesma isenção foi concedida aos fundos de caridade, especialmente aos fundos a favor de viúvas e órfãos *(Tossefta Bava Kama 4:3; Shekalim 2:12)*.

Da mesma maneira, os regulamentos contra o lucro não se aplicavam aos contratos da administração do Templo. A suposição era que qualquer oferta de preços tinha sido examinada por diversos funcionários e que não havia necessidade de regulamentos adicio-

O TEMPLO, OS SACERDOTES E O DIREITO TALMÚDICO 65

nais. A venda de terra necessitava da avaliação de dez pessoas, e a venda de bens móveis requeria pelo menos três pessoas. Por conseguinte, diversas outras mercadorias, tais como imóveis em geral e utensílios negociáveis, eram isentas das normas rígidas contra lucros excessivos. A experiência da administração do Templo estendeu-se a outras situações.

Os fundos do Templo eram usados para cobrir também outros itens de despesa pública, tais como o conserto dos muros da cidade e das vias públicas *(Mishná Shekalim 4:2)*, e, destas leis, derivou um procedimento similar que permitia o uso de fundos de caridade para as necessidades públicas não previstas *(Tossefta Shekalim 1, fim)*.

As funções sacerdotais foram transferidas do serviço do Templo para o da sinagoga. Apesar de o estudo e a interpretação da lei terem sido abertos pelos Escribas aos leigos, os sacerdotes ainda mantêm a primazia nas leituras periódicas da sinagoga. Igualmente, os sacerdotes recitam a bênção para a congregação em ocasiões festivas, assim como faziam no Templo.

Finalmente, deve ser mencionada novamente a idéia criada pelos pietistas, ainda durante a existência do Templo, de que as regras da pureza deveriam ser observadas no próprio lar. A lavagem de mãos antes da refeição, o uso de sal junto com pão e as preces, tudo isso expressa a continuidade da tradição do Templo no judaísmo atual. A mesa da família judaica deveria ter o caráter de um altar e cada pessoa deveria sentir algo da vocação que originalmente era dos sacerdotes.

9. Estabilidade e Mudança no Direito Talmúdico

Podemos distinguir três argumentos a favor da extrema estabilidade do Direito Talmúdico, que também podem ser vistos por um prisma diferente. O primeiro é o princípio de que a Torá é eterna e portanto não se pode presumir que haja mudanças na mesma. Realmente, em muitas passagens, diz-se que as leis bíblicas foram dadas para sempre ou para todas as gerações. Por analogia, isto é extensivo à lei na sua totalidade e é compreendido como rejeição a mudanças. Entretanto, como já foi afirmado pelo Rabino Iossef Albo (século XV, Espanha) em seu livro *Raízes*, o argumento poderia também ser *ex-contrario*, isto é, que a idéia de eternidade era limitada àquelas leis que o mencionavam, e não ao restante.

Além disso, a idéia de eternidade parece conter o mecanismo da mudança, de modo que a lei possa ser relacionada a circunstâncias alteradas. A ausência de tal mecanismo, por outro lado, impede que a lei, na sua forma original seja relevante na nova situação, requerendo assim um novo regulamento. Um sistema legal extremamente estável torna-se rapidamente obsoleto, ao passo que um sistema flexível tem recursos para continuar efetivo através da adaptação.

O segundo argumento é o da perfeição, que é, por definição, atribuída a um sistema legal de revelação divina. Apoiando-se em *Deut. 13:1*, o argumento diz que não pode haver mudança num sistema legal perfeito, pois qualquer mudança é uma admissão de que a lei não era perfeita.

Ninguém pode negar que a Lei Bíblica foi sujeita a muitas mudanças através da redução, bem como através do acréscimo. Os rabinos introduziram, obviamente, muitas mudanças, e apesar de os saduceus e os caraítas terem combatido esta ação, isso era necessário para tornar o sistema efetivo e viável.

Dizia-se que mesmo indivíduos isolados tinham o direito de acrescentar à lei, por razões de devoção pessoal, como foi afirmado

68 O DIREITO TALMÚDICO

por Rabi Shimon ben Lakish *(Ecl. Raba 3:14)*. A perfeição da lei não nos impede de ir além da mesma, se acharmos que isso é necessário. A perfeição do indivíduo não precisa ser igual à do público em geral, a quem a lei é dirigida. Às vezes, a maior sensibilidade de certos indivíduos se torna padrão para muitos outros e isso chega mesmo a causar uma mudança na lei. Isto, também, não seria um sinal da imperfeição da lei; pelo contrário, provaria a capacidade da lei de crescer, como os indivíduos crescem,

Aqui também, a descrição da situação feita pelo Rabino Iossef Albo é instrutiva. Um médico não é menos perfeito porque muda as suas receitas de vez em quando. A mudança pode fazer parte do sistema e é necessária para o tratamento eficaz em situações diferentes.

O terceiro argumento é o do caráter único da Revelação no Monte Sinai, que portanto não se repetirá e é imutável. Apoiando-se em *Deut. 30:12*, aqueles que assim argumentam dizem que a lei foi transmitida na sua totalidade, nada restando no céu para futura revelação.

Contudo, este argumento também não deve ser exagerado, embora seja válido num sentido mais limitado. Realmente, *Deut. 18:15* prevê claramente a continuação da missão de Moisés junto ao povo: haverá mais profetas com poderes legislativos, e a obediência a eles é exigida na Torá de Moisés. O processo de Revelação não deve ser visto como um evento único, mas como uma cadeia de encontros entre Deus e o povo.

A insistência na imutabilidade da lei e na unicidade da Revelação no Sinai, deve ser entendida como uma afirmação polêmica e como expressão de uma posição defensiva. Os fariseus e os rabinos rejeitaram a crítica dos saduceus e as várias inovações legais datando da época da revelação no Monte Sinai. Da mesma forma, eles argumentavam contra a teoria da substituição por parte do cristianismo, dando ênfase ao caráter único da Torá.

Contra a reivindicação cristã de que um novo Moisés tinha aparecido *(Atos 3:22, João 6:14, 7:40)*, o argumento judaico foi que, de acordo com a Torá, não se esperava nenhum novo Moisés e nenhuma nova Torá seria dada pelo céu *(Deut. Raba Nitsavim 6)*. Um novo profeta poderia somente atuar dentro da estrutura do sistema já existente, mas jamais criar uma nova religião (Maimônides, *A Mão Forte; Fundamentos da Torá, 9)*. De fato, no decorrer do tempo,

ESTABILIDADE E MUDANÇA NO DIREITO TALMÚDICO 69

o argumento judaico foi estendido a qualquer mudança legal através da profecia. A Torá foi considerada completa, não permitindo nenhuma mudança por meios sobrenaturais. Isto não excluía, entretanto, as mudanças feitas pelos rabinos, baseadas na sua avaliação racional da intenção da Torá.

A doutrina da imutabilidade teve que enfrentar o fato de que muitas inovações eram conhecidas na tradição talmúdica. O argumento, portanto, afirmava que estas inovações não eram criações humanas, mas meras descobertas humanas da lei divina original. Tomemos, por exemplo, a tradição de que três mil normas da Torá perderam-se com a morte de Moisés. Quando Josué e Samuel foram solicitados a restaurar estas normas, ambos se recusaram a fazê-lo, já que nenhum regulamento legal podia ser criado por profecia. Otniel ben Kenaz, um dos juízes menores, supostamente era capaz de fazê-lo por meio da recuperação, mas não pela criatividade (T.B. *Temurá 16 a)*.

Já mencionamos a atitude conservadora de alguns dos rabinos que preferiam a estabilidade à mudança. No fim do século I, Raban Iohanan ben Zakai e o Rabino Eliezer ben Hircanos insistiram em ensinar somente o que haviam aprendido com seu mestre. Esta forma de educação não encorajava a independência do discernimento e criatividade, ou a mudança da própria lei.

A estabilidade foi promovida através do processo de canonização. De acordo com *Ecles. 12:12,* as Escrituras deveriam ser mantidas *sui generis* e nenhum acréscimo literário seria tolerado. Isto deu à Lei Bíblica uma posição de especial estabilidade. Entretanto, paralelamente, a Lei Oral se desenvolveu e devia ser mantida na forma não escrita (T.B. *Guitin 60 b).* O motivo disto seria a desconfiança diante de documentos escritos nos procedimentos legais judaicos nos tempos antigos. Um documento podia ser falsificado e atribuído a autoridades antigas; um testemunho oral poderia ser testado e repetidamente averiguado para determinar o seu valor.

A insistência de que a Lei Oral não fosse registrada por escrito trouxe como subproduto uma flexibilidade que não existe no sistema escrito. Enquanto as Escrituras eram imutáveis, as interpretações dos rabinos estavam sujeitas a mudança conforme o discernimento das respectivas gerações. Na prática, havia registros privados, chamados de "rolos secretos", a fim de serem usados individualmente pelos mestres para auxiliar a sua memória.

70   O DIREITO TALMÚDICO

Eventualmente, o conteúdo total da Lei Oral foi registrado na Mishná, nos Talmudes e nos outros livros. Desta forma, a estabilidade foi altamente intensificada e tornou-se cada vez mais difícil introduzir novas opiniões. O estágio final deste desenvolvimento foi a invenção da imprensa, que tornou os textos acessíveis ao público e padronizou a tradição legal. Por esta razão, o processo de estabilização tornou-se quase que abrangente e o Direito Talmúdico perdeu sua flexibilidade original (cf. E. Berkovits, *passim*).

Mas o Direito Talmúdico não faz sentido sem a sua simbiose de elementos humanos e divinos. A lei deve ser geral e pode não fazer justiça em casos excepcionais (cf. Maimônides: *Guia dos Perplexos*). Ela precisa de atividade humana e aplica seus princípios gerais ao caso específico sob consideração. Os rabinos, portanto, diziam que um juiz consciencioso tornava-se sócio de Deus como Moisés e outros indivíduos, dos quais se diz que tiveram uma influência sobre a legislação divina, o que significa participação humana no processo legislativo.

Não pode existir lei sem interpretação e isso inclui o sistema da lei divina, bem como outros sistemas. A própria lei se refere à autoridade humana *(Deut. 17:11, 32:7;* T.B. *Shabat 23 a)*, e deste modo refere-se à possibilidade de mudança.

O objetivo da lei vai além da própria lei, o apego a Deus, o amor a seus semelhantes e a perfeição moral do indivíduo. A religião judaica preocupa-se com este mundo e com a vida e não pode, portanto, ser dogmática e rígida. O problema é nunca determinar soluções ideais, mas o que fazer aqui e agora. Isto é impossível sem flexibilidade e pragmatismo. A autoridade dos rabinos de introduzir mudanças no Direito Talmúdico é um elemento básico do sistema (T.B. *Rosh Hashaná 29 b, Ievamot 89 a* e seguintes).

A tradição do Direito Talmúdico faz distinção entre "palavras de Deus" e "palavras dos Escribas", ou "de nossos rabinos" *(Mishná Kelim 13:7,* T.J. *Eruvin 5:1, 22 c)*. Às vezes, a evolução de um regulamento é relacionada com a iniciativa de indivíduos ou com o costume e isto reflete a mudança na sensibilidade do público *(Mishná Pessahim 4:5, Suká 2:5;* T.B. *Suká 26 b, Nidá 66 a)*. Tudo isto reflete a consciência do caráter dinâmico do Direito Talmúdico.

A seguir apresentamos uma série de discussões nas fontes talmúdicas a respeito de mudanças. De acordo com a formulação da Lei Bíblica, muitos mandamentos careciam de uma definição clara sobre

ESTABILIDADE E MUDANÇA NO DIREITO TALMÚDICO   71

as suas medidas, de modo que a forma exata de praticá-los dependia da consciência *(Mishná Peá 1:1)*. De acordo com alguns rabinos, estas medidas foram então estabelecidas por uma autoridade humana para fixar um padrão como para todos os observantes do mandamento, ao passo que outros atribuíam estas medidas à Revelação do Sinai (T.J. *Peá 1:1, 15 a;* T.B. *Nidá 58 b, Iomá 80 a)*. A primeira opinião é original, enquanto que a segunda expressa o desejo de fazer apologia.

A mudança no antigo texto hebraico da Torá através da adoção de caracteres aramaicos (assírios) foi originalmente compreendida como sendo um ato humano feito pelos exilados babilônicos e sancionado por Esdras, o Escriba. Mais tarde foi atribuído à Revelação do Sinai (T.B. *Shabat 104 a)*.

A permissão de casar com uma mulher moabita, que foi uma inovação introduzida entre os tempos de *Deut. 23:4* e o *Livro de Rute,* foi atribuída pelos rabinos a Boaz ou a Jessé (T.J. *Ievamot 8.3, 9 c)*. A tradição parece ter relação com a discussão sobre a legitimidade do Rei David. Seus oponentes alegavam que ele era descendente de uma mulher estrangeira, ao passo que seus seguidores afirmavam que uma moabita casou com um israelita. Enquanto a tradição mais antiga lembra a discussão sobre esta nova opinião, os dogmáticos posteriores atribuíram a legitimação da mulher moabita à Revelação no Sinai.

Os direitos de sucessão das filhas *(Num. 27:6-11, 36:5-9)* é um dos exemplos onde a Lei Bíblica copia certas normas da intervenção humana. Apesar da lei ter sido considerada como divina, sentia-se que poderia causar injustiça e estar sujeita a uma emenda. Novamente os rabinos enfatizaram que esta possibilidade estava implícita desde o princípio (T.B. *Bava Batra 110 b)*.

Mudanças na liturgia diária foram consideradas como o resultado da sensibilidade de certos mestres religiosos. Eles sentiam que o louvor a Deus, em certas formas, era irreconciliável com algumas experiências históricas negativas. Conseqüentemente, estas fórmulas foram abandonadas e somente mais tarde foram restauradas (T.B. *Iomá 69 b)*.

O rei Jeroboão, de Israel, que foi acusado no *Livro dos Reis* e nas *Crônicas,* de ter introduzido mudanças ilegítimas no culto, teve, contudo, o mérito de ter introduzido inovações positivas (T.B. *Sanedrin 102 a)*. É como se os rabinos quisessem enfatizar que a mu-

72 O DIREITO TALMÚDICO

dança, por si só, não era censurável, tudo dependia do seu conteúdo e da sua intenção.

Assim como os rabinos nas academias talmúdicas deveriam ser inovadores e inventivos, imaginava-se o próprio Deus, cercado por uma academia celestial, inovando ensinamentos *(Gen. Rabá 49:2, Arugat Habossem I *, p. 242; Midrash Otiot,* de Rabi Akiva). O estudo nunca pode ser limitado à recuperação do passado, mas deve incluir criatividade e inovação.

Quando os rabinos tinham dificuldade em explicar certos regulamentos da lei, eles projetavam as mudanças legais para a era messiânica. A proibição do matrimônio entre os descendentes de uma união adúltera, com israelitas comuns, deveria desaparecer no futuro. Dizia-se que o próprio Deus estava insatisfeito com o castigo de uma criança devido ao ato de sua mãe, e presumia-se que Ele anularia este impedimento *(Tossefta Kidushin 5:4; T.J. Kidushin 3 final, 65 a).*

Da mesma forma, as leis dietéticas e as regras contra o uso de vestimentas de fibras mistas, eram difíceis de se justificar. Alguns rabinos as consideravam como provas de fé e que eram destinadas somente à penúltima era. No futuro messiânico, diziam eles, estas restrições seriam anuladas *(Midrash Tehilim 146; T.B. Nidá 61 b).* Mudanças similares eram esperadas para o cerimonial dos sacrifícios de Israel *(Lev. Rabá 9:7).*

Estes ditos expressam a consciência da necessidade de dinamismo, mesmo num sistema de lei divina e trazem esperança de uma maior boa vontade no futuro em relação à flexibilidade legal.

---

* De autoria de Avraham Ibn Ezra.

10. O Processo no Direito Talmúdico - I

As leis talmúdicas e bíblicas refletem a transição do direito privado para o público. Por um lado, é reconhecida a responsabilidade fundamental básica de cada um defender os seus direitos. Conforme faz ver o sociólogo do direito, o alemão Rudolf Ihering, deve haver uma luta pelo direito de cada um, pois, caso contrário, a pessoa torna-se parcialmente responsável pela injustiça. Como resultado desta filosofia, uma pessoa está autorizada a fazer justiça pelas próprias mãos. Os tribunais de justiça e o processo legal são destinados a proteger os direitos dos fracos contra os fortes.

Por outro lado, o direito privado transgride o princípio de que ninguém deve ser juiz de sua própria causa e que o uso da força deve ser limitado. Não há garantia, uma vez que se permite a alguém fazer justiça pelas próprias mãos, de que ele usará sua força somente para uma causa justa. Mesmo Deus, dizem os rabinos, não usa só a força, mas ama a justiça, ou seja, o devido processo da lei. Lemos em várias profecias a metáfora de que Deus conclama o céu e a terra ou uma figura jurídica imaginária para serem juízes entre Ele e Seu povo, e, somente em casos excepcionais, Deus é descrito como acusador, testemunha e juiz em uma só pessoa.

Um exemplo da limitação do direito privado é a interpretação rabínica do *Deut. 13:10*, que estipula que as autoridades devem ser informadas sobre qualquer crime sério *(Mishná Sanedrin 7:10*, cf. a Septuaginta), em vez de permitir ao espectador infligir o castigo. Porém, em outras situações, o Direito Talmúdico preservou a memória do direito privado conforme praticado durante a revolta dos Hasmoneus *(Macabeus I 2:23-25; Mishná 9:6)*. Igualmente, a Mishná menciona diversos casos onde o homicídio é justificado para proteger outra pessoa de ser atacada *(Mishná Sanedrin 8:7)*.

De modo geral, o Direito Talmúdico fez um grande esforço para excluir o uso da jurisdição romana e encorajar a autonomia ju-

74   O DIREITO TALMÚDICO

daica. Os habitantes das cidades podiam tomar medidas contra qualquer pessoa que testemunhasse contra seu próximo numa corte romana *(Tossefta Bava Metsia 11:23,* cf. *Aliança de Damasco 9:1)* *. Esta atitude foi uma expressão do desejo judaico de sobreviver como entidade política separada e de sua maior confiança na justiça judaica do que na romana e de uma expectativa de relações fraternais entre os judeus.

Discutiremos agora uma série de fontes legais no que concerne ao confronto entre o direito público e o privado, a fim de ilustrar a transição gradual do segundo para o primeiro.

De acordo com a lei do *Levítico,* uma pessoa que vendeu sua casa numa cidade murada tinha direito de resgatá-la do comprador durante um ano. Este regulamento objetivava manter a divisão existente da propriedade e evitar o surgimento de um proletariado urbano. Durante o século I a.C., o comprador às vezes se escondia durante as últimas semanas do ano para impedir o vendedor de usufruir de sua opção. Por isso, Hilel estabeleceu que o vendedor poderia depositar a importância no banco (do Templo) e tomar posse da casa à força. O comprador tinha o direito de sacar o depósito quando ele quisesse *(Mishná Arahin 9:4).* Nenhuma menção é feita ao processo legal, mas a pessoa cujo direito fosse infringido estava autorizada a tomar providências por si mesma.

Mesmo em caso de delito, havia a possibilidade de justiça privada. Atribui-se a um mestre não identificado a seguinte tradição: "Uma pessoa não deve roubar algo que lhe pertença, da casa do ladrão, a fim de não se assemelhar ao ladrão. É preferível ir até lá, quebrar-lhe os dentes e recuperar à força a sua propriedade" *(Tossefta Bava Kama 10-38).*

À primeira vista, isto é uma evidência clara do apoio a uma ação privada, ao invés de procurar por uma reparação judicial. Porém, como tentei demonstrar em meu livro *Erhei mishpat ve-Iahadut* (Valores Legais e Judaísmo), existem dúvidas se o texto originalmente justificava fazer justiça com suas próprias mãos ou se, simplesmente, rejeitava o ato de roubar, mesmo de um ladrão.

O sistema privado de justiça aparece também em várias formas de justiça pública. Quando lemos em *Avot 1:8* sobre a "submissão

---

* *Aliança de Damasco:* Livro dos princípios da seita do mesmo nome em, aproximadamente, 200 a.C.

O PROCESSO NO DIREITO TALMÚDICO - I

ao julgamento", isso demonstra o papel limitado do procedimento judicial. Espera-se que a corte estabeleça os fatos, mas isso por si só não estabelece ainda direitos e deveres. O último elemento é o resultado da submissão, especialmente por parte daquele que perdeu a causa.

Os direitos e deveres são, portanto, criados e extintos pelas próprias partes e o papel da corte é apenas o de instruí-las como estes direitos e deveres devem ser definidos. A norma de tal submissão é o *Aramaic Papyri, 6*, publicado por Cowley, datando do século V a.C., no Alto Egito. Neste "Documento de Remoção", o transferente promete ao transferido manter-se afastado da sua antiga propriedade e respeitar o direito deste. Isto é novamente uma expressão de autonomia das partes na justiça privada.

Os mesmos elementos podem ser encontrados até no processo criminal, que está certamente mais em conformidade com o monopólio público da força. O Direito Talmúdico não permite a condenação de um criminoso baseado na sua confissão, mas exige o testemunho de duas pessoas. Esta é uma excelente proteção contra o uso da força e da tortura nos processos criminais. Entretanto, o Direito Talmúdico recomenda que o criminoso, depois da condenação e antes da execução, faça sua confissão.

Quanto ao motivo desta recomendação, foi dito que a confissão era necessária para obter o perdão divino ou para assegurar aos juízes que eles não haviam cometido um erro judicial. Isso também poderia ser uma interpretação da idéia de que a condenação final é feita pelo próprio criminoso. A corte meramente estabelece os fatos, mas os resultados que se seguem a estes fatos são criados pelas próprias partes. Trata-se do mesmo conceito como nos casos fictícios descritos em *Samuel II, 12* e *Reis I 20:40*, onde o rei é levado a pronunciar seu próprio julgamento. O processo legal é meramente um meio de educação, sendo que a sanção resulta do ato das partes, ao invés do ato judicial.

De acordo com a lei do *Deutoronômio*, o credor, ao cobrar suas dívidas, não devia entrar na casa do devedor, mas receber do lado de fora os bens oferecidos a ele pelo mesmo, em pagamento da dívida. Isto é uma limitação do direito privado, já que o direito de privacidade do devedor tem precedência sobre o direito do credor. Entretanto, sujeito a esta exceção, o próprio credor tem direito de cobrar sua dívida.

76 O DIREITO TALMÚDICO

O Direito Talmúdico, originalmente, continuou permitindo a cobrança privada de dívidas. Isso chegou mesmo a limitar o direito à privacidade do próprio devedor, e não concedia o mesmo direito ao fiador (T.B. *Bava Metsia 115 a*). Num estágio posterior, entretanto, o direito privado de cobrança foi substituído pelo direito público. A cobrança de dívidas seria efetuada pelo mensageiro da corte, e mesmo a ação deste mensageiro devia terminar diante da porta da casa do devedor.

O estágio anterior é representado por vários regulamentos referentes ao penhor pessoal imposto ao devedor até pagar sua dívida. O termo é derivado da terminologia da escravidão, como se significasse que o corpo do devedor era escravo do credor. Este significado original foi, porém, substituído pela responsabilidade pessoal do pagamento, e a possibilidade de cobrança da propriedade pessoal em posse do devedor.

Um antigo regulamento fala de "um credor que ia estrangular o seu devedor no mercado, e foi impedido de fazê-lo pela intervenção de outra pessoa" *(Mishná Bava Batra 10:8)*. Neste caso, a pessoa que interveio não pode ser considerada um fiador, desde que sua intervenção foi motivada somente por sentimentos humanos. O regulamento que isenta a pessoa que fez a intervenção da responsabilidade, incentiva tal intervenção e protege o devedor. Por outro lado, quando o credor percebe que a outra pessoa não é responsável, ele não deixa o devedor ir embora.

Os direitos do credor de cobrar a sua dívida por si mesmo originam-se nas fórmulas usadas na redação do título da dívida. Nos papiros aramaicos do século V a.C., o devedor autorizava o credor, ou os seus filhos, a retirar qualquer penhor que pudessem encontrar na casa do devedor, prata, ouro, cobre, ferro, escravo ou escrava, cereais ou qualquer outro alimento, até o pagamento do capital e dos juros (Cowley, *Aramaic Papyri*, 10).

Na Mishná *(Eduiot 8:2)*, é ainda feita referência a uma cláusula que permitia o embargo de uma jovem, apesar de que esta prática era definitivamente uma violação à lei da libertação dos servos por dívidas, estabelecida por Neemias. Em geral, o credor tinha o direito de tomar suas próprias providências para a cobrança de suas dívidas, direito este que estava lentamente se tornando mais humano e limitado.

O PROCESSO NO DIREITO TALMÚDICO - I   77

Outra cláusula no contrato padronizado era o penhor imposto aos imóveis do devedor. A cláusula criou uma hipoteca implícita em favor do credor, que poderia ser executada contra o comprador, bem como contra o próprio devedor *(Mishná Bava Batra 1:8, Tossefta Ketubot 12:1)*. Esta norma impunha "o penhor da propriedade", literalmente: "a escravidão da propriedade", e isto se aplicava no decorrer do tempo *ex lege* mesmo não sendo previsto no contrato. Como resultado, nenhum homem casado pode dispor dos seus imóveis sem a participação de sua esposa. Por outro lado, a esposa poderia cobrar seus direitos de mulher casada em caso de divórcio ou morte de seu marido, tirando a propriedade do comprador.

O direito à ação privada era limitado em alguns casos. A pessoa cuja propriedade tivesse sido danificada pelo animal de outra pessoa não tinha o direito de embargar este animal, mas devia registrar uma ação dirigida à corte para uma avaliação deste estrago *(Mishná Bava Kama 1:3)*. A corte, de sua parte, ouviria o caso somente se o réu possuísse imóveis. A razão era obviamente que bens móveis não têm grande valor e que *de minimis non curat practor*. Porém, se o queixoso tivesse embargado alguns bens móveis e os trouxesse para a corte, o prejuízo seria avaliado, e ele seria autorizado a cobrá-lo *(Tossefta Bava Kama 1:2)*.

Embora a cobrança privada de dívida ainda fosse permitida, foi imposta uma limitação com relação à cobrança a partir de bens imóveis. O credor deveria dar aviso prévio à corte, de que ele iria tomar os imóveis. Tal aviso foi chamado de *prosbule*, provavelmente porque era feito diante do conselho. Este aviso prévio era um passo para o controle judicial, possibilitando à corte evitar que a lei fosse mal empregada. Durante o século I a.C., Hilel usou esta prática para permitir a cobrança de dívidas no ano sabático, em contradição com a lei bíblica da remissão de dívidas no sétimo ano.

Uma providência adicional no monopólio do poder foi o uso de *enechyrasia (Tossefta Bava Batra 11:5)*. Esta foi uma autorização judicial dada ao credor para que ele pudesse cobrar sua dívida. Sem esta autorização ele não estava obviamente autorizado a fazer justiça pelas próprias mãos. Finalmente, foi estipulado o regulamento de que nenhum credor poderia tirar a propriedade do devedor, exceto através da intervenção da corte *(Mishná Bava Metsia 9:13)*.

11. O Processo no Direito Talmúdico - II

O Direito Talmúdico conhecia a advocacia e atualmente as cortes rabínicas permitem aos advogados representar as partes. Entretanto, havia uma desconfiança com relação à advocacia, que se expressava de diversas formas.

Alguns rabinos interpretavam o mandamento de afastar-se da falsidade como significando também que não se deveria nomear um advogado *(Mehilta de R. Ishmael, Kaspa 3)*. Outros comentavam em *Ezequiel 18:18* que a representação de um cliente era um infortúnio (T.B. *Shevuot 31 a)*.

Na verdade, muitas das suposições do Direito Talmúdico são baseadas na experiência com pessoas simples. Desde que os juristas se vejam envolvidos no processo legal, estas suposições não mais são exatas.

Tomemos, por exemplo, o regulamento de que se pode confiar na declaração de uma mulher de que ela é viúva e se permita que ela se case novamente. Este regulamento é baseado na suposição de que, geralmente, a mulher não se atreveria a fazer tal afirmação, a menos que fosse verdadeira, pois sua mentira poderia ser constatada facilmente. Se, porém, ela tiver o auxílio de um advogado, ela não mais poderá ser digna de confiança.

Além do mais, no Direito Talmúdico, o julgamento inicia-se com as declarações do queixoso e do acusado, e a corte tira certas conclusões da forma da sua apresentação, mesmo antes de chegar ao estágio das provas (as partes não são reconhecidas como testemunhas). Nenhuma conclusão, porém, poderia ser tirada das declarações da acusação e da defesa, se fossem preparadas por especialistas.

É curioso que o Direito Talmúdico gostaria que todos fossem entendidos na Lei e aprecia o dever universal de aprender a Torá. Entretanto, tal padrão geral de conhecimentos tornaria obsoletos mui-

80   O DIREITO TALMÚDICO

tos regulamentos de prova e de conjetura, como, por exemplo, o já citado caso do *migo*. Em outras palavras, o maior conhecimento e a participação dos advogados tornam necessário o reexame das regras de processo e de prova no Direito Talmúdico e a mudança de muitas delas.

Um regulamento importante da justiça proíbe ouvir as alegações de uma parte na ausência da outra (T.B. *Sanedrin 7 b*). Este regulamento não permitia julgamentos *in absentia*, pois isto freqüentemente transgride os direitos da parte ausente.

Nada é dito sobre o direito a uma audiência pública, mas isso estava implícito no processo talmúdico. As audiências na academia eram abertas ao público e todos eram convidados até mesmo a falar, caso tivessem alguma contribuição a fazer.

Nos casos de pena máxima, também se solicitava a presença de todos que pudessem apresentar um fato ou um argumento a favor do acusado. Mesmo o argumento legal, que atualmente é incluído nos processos sumários pelo promotor e pelo conselho, estava aberto à intervenção de elementos do público. Após a retirada dos juízes, o julgamento novamente era apresentado em público e se informava sobre a condenação e a sentença. A execução era efetuada em uma localidade distante, provavelmente para evitar o público.

Casos de direito privado geralmente não tinham audiência pública. Porém, cada parte tinha direito a um julgamento com arrazoado, que ela poderia submeter à revisão de uma autoridade superior. As relações informais nos tempos talmúdicos e a ausência de grandes cidades, tornavam qualquer decisão legal um assunto de preocupação comum e de conhecimento público.

Um regulamento interessante no processo talmúdico diz respeito ao período mínimo que devia transcorrer entre o processo e o julgamento. Casos de direito privado podiam ser ouvidos e julgados no mesmo dia, e, em casos de morte, a absolvição podia ser dada no mesmo dia, mas a condenação, somente no dia seguinte. Por isso, nenhum caso de pena de morte podia ser ouvido na véspera do Shabat ou de uma festividade *(Mishná Sanedrin 4:1)*.

O problema que se apresenta é: por que estes regulamentos não foram observados no processo de Jesus, descrito nos Evangelhos? O motivo pode ser o regulamento de que uma pessoa, acusada de incitar outros a seguir outros cultos, não gozava da proteção de tal adiamento compulsório. Porém, o grande número de irregularidades

O PROCESSO NO DIREITO TALMÚDICO - II

mencionadas com referência ao julgamento de Jesus indica provavelmente a existência de informações tendenciosas (vide Chaim Cohen: *The Trial of Jesus Reexamined*, 1968). A decisão é tomada pela contagem de opiniões. Em caso de pena de morte e, de acordo com algumas opiniões, também em casos puníveis com açoite, a corte consistia em um mínimo de vinte e três pessoas, necessitando de uma maioria mais duas para o caso de condenação e da maioria mais uma para a absolvição. O juiz mais jovem era o primeiro a dar a sua opinião, a fim de que não se acanhasse em divergir dos mais velhos. Se todos os juízes se manifestassem a favor da condenação, o acusado não podia ser condenado, pois obviamente os pontos a seu favor não haviam sido discutidos. Devia haver pelo menos um, entre os juízes, que tivesse se manifestado a seu favor.

Em assuntos de direito privado, a corte podia ser composta de três juízes, mesmo de pessoas leigas, se ambas as partes concordassem. As várias regras de formalidade não se aplicavam em tais casos. Não obstante, uma grande responsabilidade era sentida pelos juízes, mesmo em assuntos do direito privado, com receio de cometerem um erro. Alguns dos rabinos sempre preferiam chegar a um acordo, ao invés de emitir uma decisão.

Originalmente, a decisão da maioria não era considerada como sendo a decisão de todos. Como resultado desse ponto de vista, o Rabi Iudá, o Patriarca, exigia um quórum de cinco para os casos do direito privado, a fim de que a decisão fosse tomada por três *(Tossefta Sanedrin 1:1)*.

Isso explicaria também o regulamento de que uma corte pode repelir a sentença de uma corte anterior somente se a segunda for superior em sabedoria e número *(Mishná Eduiot 1:5)*. De acordo com a tradição, isso se aplica à Suprema Corte, o Sinédrio, que sempre era composta de setenta e um membros. A questão, portanto, é como poderia a última corte ser composta por mais membros do que a primeira. Maimônides, em *A Mão Forte, Maamarim 2:2*, propôs interpretar o número como sendo a soma total das idades. Isto parece, entretanto, representar a soma total das pessoas que votam numa dada resolução. Somente se o número de pessoas que votam pela nova resolução for maior do que o da primeira, uma resolução pode ser repelida.

82   O DIREITO TALMÚDICO

Num estágio posterior, porém, a opinião da maioria se tornou a decisão da totalidade. Nenhum dos juízes estava autorizado a tornar público o seu voto ou dos seus colegas e nenhuma votação isolada era tornada pública. Atualmente, as cortes rabínicas em Israel não observam este regulamento e as opiniões isoladas são tornadas públicas juntamente com a decisão da maioria.

Não há caráter final no julgamento ou o conceito de *res iudicata*. Assuntos de direito privado podem sempre ser reabertos, mas assuntos de jurisdição de pena máxima podem ser reabertos para absolvição e não para condenação *(Mishná Sanedrin 4:1)*.

Este regulamento poderia naturalmente tornar-se um assunto de aborrecimento e de perda de tempo para a corte. Portanto, diversos métodos foram usados para impedir outros litígios sobre uma *res iudicata*. Já foi feita menção ao "Documento de Remoção", pelo qual uma das partes se comprometia a não abrir o caso novamente.

Outra técnica foi a limitação imposta à apresentação de novas provas. As partes eram solicitadas pela corte a apresentar todas as provas existentes, dentro de um certo período. Quaisquer novas provas seriam depois rejeitadas *(Mishná Sanedrin 3:8)*. Entretanto, a opinião do Patriarca Shimon ben Gamliel era diferente: nenhuma prova adicional deveria ser excluída, caso não estivesse disponível durante o processo.

Uma terceira tentativa de encerrar um processo de direito privado era o regulamento que dizia respeito ao julgamento que havia sido rejeitado na apelação. Considerava-se que o julgamento devia ser válido, mas que o juiz deveria pagar de seu próprio bolso o prejuízo causado pela sentença *(Mishná Behorot 4:4)*. Este regulamento também tinha o objetivo de alertar contra uma conjetura precipitada da instância judicial e fazia parte de uma série de regulamentos contra a má administração.

Posteriormente, foi concedida pelo Direito Talmúdico uma indenização aos juízes que atuavam com autoridade, ou seja, por ordenação ou nomeação, assim como foi concedida indenização semelhante aos médicos licenciados.

Mesmo em casos de pena máxima, a lei estabelecia quando um caso devia ser encerrado. Houve o caso famoso de um criminoso condenado que foi levado à execução e que foi aconselhado a confessar. Ele respondeu que sua morte deveria ser expiação de todos os seus pecados, mas se tivesse cometido o crime ele não encontraria

O PROCESSO NO DIREITO TALMÚDICO - II 83

nenhum perdão. Ele declarou ainda que o povo em geral (provavelmente com exceção das testemunhas) não deveria ser responsabilizado pela sua morte. O assunto foi então trazido de volta aos sábios, que choraram e disseram que não havia possibilidade de anular a condenação, porque isso iria prolongar o processo *ad infinictum*. Porém, a culpa desta execução recairia sobre as testemunhas *(Tossefta Sanedrin 9:5)*. O comentário de Rashi sobre T.B. *Sanedrin 44 b* junta esta tradição com aquela referente ao filho de Shimon ben Shetah, que foi vítima de uma perseguição maldosa e que se submeteu à pena de morte, ao invés de permitir um ato de desvio que violava a lei (T.J. *Sanedrin 6:5, 23 b)*.

Esta história, que de certa forma nos lembra o *Kriton*, de Platão, mostra a santidade e a formalidade do processo legal, como sendo superior mesmo aos direitos supremos do indivíduo. A condenação não podia ser anulada após o processo e a sentença, mesmo se houvesse dúvida quanto à exatidão das provas. O caso era *res iudicata* e não podia ser reaberto. Os vários regulamentos a favor do acusado não permitiam uma revisão ou um novo julgamento, e a história foi contada para ilustrar este ponto.

Por outro lado, podemos supor que esta história demonstra realmente uma exceção que confirma a regra. Pessoas de menor importância que Shimon ben Shetah, que não poderiam ser acusadas de favoritismo, teriam certamente quebrado este regulamento, reaberto o caso e conseguido a absolvição.

Devemos lembrar que o Direito Talmúdico não aceitava um precedente na lei para impedir novas discussões. Embora casos práticos tenham sido usados na academia para provar aspectos da lei, era permitido a todos questionar a correção da primeira decisão. De acordo com Maimônides, *A Mão Forte, Maamarim 2:1*, qualquer regulamento da lei bíblica que tivesse sido interpretado por uma corte anterior, poderia mais tarde ser considerado errado e ser rejeitado. O estudo da Torá não tem fim e a opinião da última autoridade era sempre a de maior importância.

Se, portanto, a condenação foi baseada num aspecto de lei que mais tarde fosse declarado incorreto, tal condenação devia ser anulada conforme o princípio acima mencionado.

O argumento pode, naturalmente, ser elaborado de tal forma que não seja aplicado a fatos já julgados, ou seja, que a prova que

84 O DIREITO TALMÚDICO

havia sido apresentada num processo anterior não poderia ser reconsiderada no novo processo.

Porém, no Direito Talmúdico, com a sua rígida teoria de provas, assuntos reais são intimamente ligados aos assuntos da lei. A questão se uma testemunha é fidedigna é um assunto legal, e, se um assunto legal pode ser reaberto, deveria haver a possibilidade de abrir um novo processo.

Portanto, a história deve ser recontada não como uma afirmação da lei, mas como uma advertência contra o excessivo formalismo, uma espécie de repetição da história da filha de Jefté. Assim como em casos mais recentes, os rabinos criaram a possibilidade de decidir a respeito de promessas (cf. meu artigo no *D. Daube Festschrift, Journal of Jewish Studies),* deve-se entender que a verdadeira expressão do espírito do Direito Talmúdico está numa regulamentação mais humana, permitindo a reabertura de julgamentos.

12. A Prova no Direito Talmúdico

Uma das formas de determinar os fatos num caso é pelo acordo prévio entre as duas partes. Por exemplo, um marido poderia prometer no contrato de casamento que não exigiria um juramento ou uma promessa de sua esposa, apesar de que uma viúva ou uma divorciada, ao cobrar sua parte no contrato de casamento tinha que fazer um juramento ou promessa de que ela não tinha recebido nada por conta dessa reivindicação *(Mishná Ketubot 9:5)*. Ao conceder esta dispensa, o marido concordava com os fatos, como eram afirmados pela esposa e poupava, a ela e à corte, tempo e problemas.

Outros exemplos para o estabelecimento de fatos, de acordo com a afirmação de uma certa pessoa, são baseados na lei e não em contratos. Apesar de que, em geral, todo fato deve ser provado por duas testemunhas competentes, a morte do marido poderia ser estabelecida pela declaração de uma só pessoa *(Mishná Ievamot 16:7)*. Esta exceção à lei de prova foi feita para facilitar um novo casamento da viúva. Da mesma forma, um tutor, um vendedor ou um juiz podiam determinar quem era o dono da propriedade sob sua autoridade *(Tossefta Bava Metsia 1:10-12)*.

A regra geral não permite dar crédito a uma pessoa no que se refere ao que lhe pertence *(Mishná Ketubot 2:9)*. Pode-se confiar no depoimento de testemunhas, dependendo do seu desinteresse em relação ao efeito do seu ato, o· que exclui todas as declarações feitas por uma pessoa com relação aos seus próprios negócios.

Entretanto, era dado crédito a uma mulher para permitir seu novo casamento. Conta-se o caso de uma mulher que, voltando da colheita, constatou que seu marido tinha falecido e, sob esta afirmação, foi-lhe concedida a permissão de casar novamente *(Mishná Ievamot 15:1-2)*. Houve outros casos em que se confiou na declaração de uma mulher, referente ao seu estado civil, porque sua boca

86   O DIREITO TALMÚDICO

que havia dado motivo à proibição, deu razões adicionais para a permissão *(Mishná Ketubot 2:5; Eduiot 3:6)*.

Igualmente, era dado crédito a um homem quanto ao estado civil de sua esposa e filhos *(Mishná Kidushin 3:7-8; Bava Batra 8:6)*. Todos estes regulamentos foram originalmente exceções ao regulamento bíblico que exigia duas testemunhas para estabelecer qualquer fato. Eles foram criados em resposta a situações e somente num estágio posterior foram ligados pela interpretação às Escrituras.

Além do depoimento de duas testemunhas, um juramento poderia também ser usado para comprovar algo. Havia tendências conflitantes no Direito Talmúdico: por um lado, o juramento deveria ser aplicado somente em casos muito específicos, tais como aquele em que o réu fizera uma confissão parcial ou quando ele era processado para fazer a devolução de um depósito. Esta tendência expressa a relutância em usar este meio para chegar a uma decisão e o medo que o perjúrio prevaleça.

Por outro lado, diversos juramentos suplementares foram acrescentados com as inovações rabínicas. Já mencionamos o juramento da mulher cobrando sua parte no contrato de casamento. Da mesma forma, um juramento foi imposto ao empregado que cobrava seus salários atrasados, ao queixoso que processava alguém por apropriação indébita ou injúria, à parte cujo oponente foi requisitado a fazer um juramento mas que estava sob suspeita de perjúrio, e ao banqueiro *(Mishná Shevuot 7:1)*. Um juramento foi também imposto ao réu em casos onde uma testemunha depunha contra ele e, em geral, ao réu como apoio à sua negativa.

Recomendava-se ao juiz que seguisse esse procedimento no exame das testemunhas e na administração de um juramento, mas não eram dados critérios para avaliação da credibilidade deles. Realmente, qualquer processo era uma espécie de provação na qual sentia-se que Deus estava presente. Portanto, o juiz devia somente observar as regras e o resultado correto seria obtido pela ajuda divina.

O ônus da prova recaía sobre a pessoa que pretendia obter a posse *(Tossefta Sotá 13:10; Mishná Bikurim 2:10)*. Em casos criminais pressupõe-se a inocência do acusado, de acordo com a regra de Ioshua ben Perahia: "Ao julgar uma pessoa, incline-se para a suposição de inocência" *(Avot 1:6)*.

Às vezes a lei de evidência incluía conclusões lógicas ou fatos da experiência. Por exemplo, o seguinte regulamento foi transmitido

A PROVA NO DIREITO TALMÚDICO 87

em nome de Admon durante o século I: "Se A apresentou uma nota promissória assinada por B numa certa data, e B apresentou um contrato de venda assinado por A em favor de B após aquela data, B pode argumentar: 'Se eu lhe devia dinheiro, por que você não o deduziu do valor da compra?' " *(Mishná Ketubot 13:8-9).*

Apesar de que não havia critério na comprovação das provas, o uso da lógica e da experiência poderia ter o valor de prova circunstancial. Todavia, isto se aplicava somente a casos de direito privado, e nunca para casos criminais. Durante o século II a.C., Shimon ben Shetah jurou que uma vez ele havia visto um homem perseguindo outro até uma ruína. Ele correu atrás dele e encontrou morto o segundo, e o primeiro segurando uma faca ensangüentada. Disse ao primeiro homem: "Homem mau, um de nós, ou você ou eu, é o assassino. Mas não posso conseguir sua condenação por falta de duas testemunhas". "Possa Deus Onipotente punir o crime na pessoa culpada" (T.B. *Sanedrin 36 b*).

A insistência sobre a prova direta foi limitada ao crime de pena máxima ou talvez a todos os casos criminais, ao passo que os casos do direito privado freqüentemente eram decididos pela experiência e por uma orientação geral. Vamos citar um exemplo de cada um:

"Alguém que encontrou seus bens ou livros em poder de outra pessoa, após sua casa ter sido arrombada, e isto ter se tornado de conhecimento público: o dono dos bens (ou livros) deve fazer um juramento do preço que pagou por eles e vendê-los ao queixoso por esse valor. Se não houve conhecimento público do arrombamento, o dono dos bens não precisará vendê-los ao queixoso. O queixoso poderia tê-los vendido a outra pessoa que os vendeu ao atual possuidor" *(Mishná Bava Kama 10:3).*

Aqui é feita distinção entre o caso onde claramente uma casa havia sido arrombada e o caso onde este fato tinha sido estabelecido. No primeiro caso, havia somente a dúvida se o réu era o ladrão ou o receptador da mercadoria roubada, ou se havia inocentemente adquirido esses bens de outra pessoa. O queixoso, portanto, tem direito aos bens mas deve pagar ao réu o seu preço.

No outro caso, o crime de arrombamento era desconhecido. Portanto, o queixoso não podia exigir a restituição dos bens, mesmo se quisesse pagar por eles. Mercadorias e bens móveis são freqüentemente vendidos, e o fato de que pertenceram anteriormente ao queixoso não é relevante para a reivindicação.

88 O DIREITO TALMÚDICO

Um caso de orientação geral é o seguinte: "Os filhos de uma mulher que se divorciou porque gozava de má reputação, são presumivelmente filhos legítimos de seu marido" *(Tossefta Ievamot 12:8)*. Havia uma suposição de nascimento legítimo e o marido da mulher que os deu à luz foi considerado como sendo pai.

Uma das particularidades do Direito Talmúdico é o regulamento de que as testemunhas devem depor não somente quanto ao *actus reus* como também ao *mens rea* do acusado. Uma das questões comumente dirigidas às testemunhas num processo criminal é se a testemunha tinha alertado o acusado de que não devia cometer tal ofensa *(Mishná Sanedrin 5:1)*.

A razão para este regulamento tão brando é o desejo de não enfrentar um possível crime judicial. Deve ter se desenvolvido como uma crítica contra a severidade dos saduceus na administração da lei criminal bíblica durante a última parte do século II a.c. Se os fariseus desejavam mostrar a ilegitimidade da lei dos saduceus, poderiam ter dito que os saduceus deviam ter verificado o elemento mental antes da condenação.

Parece-me que este regulamento específico sobre a advertência obrigatória do acusado poderia ter derivado de duas normas bíblicas. Uma é o regulamento referente ao filho teimoso e rebelde *(Deut. 21:18-19)* que devia ter tido uma condenação prévia antes de enfrentar a penalidade extremamente severa *(Mishná Sanedrin 8:4)*. O mesmo regulamento poderia então ser estendido a favor de qualquer acusado. Talvez tenha sido aplicado primeiramente em casos de menores, para apurar sua capacidade de errar, ou em casos onde a ignorância da lei prevalecia, ou seja, na violação de regras religiosas distintas das regras morais.

A outra fonte bíblica que poderia ter sido invocada é o regulamento de dar ou impor responsabilidade vicária ao dono "se ele tivesse sido acusado da mesma negligência em duas ocasiões anteriores" *(Ex. 21:28-29; Mehilta de Rabi Ishmael, loc. cit.)*. Aqui, também, isto foi originalmente uma condenação prévia, que poderia então ser estendida a um regulamento exigindo advertência individual.

Realmente o Direito Talmúdico reconheceu o fenômeno da reincidência e impôs penalidades mais severas em tais casos *(Mishná Sanedrin 9:5)*.

A necessidade de estabelecimento de *mens rea* era muito importante em transgressões religiosas, especialmente no caso de incita-

A PROVA NO DIREITO TALMÚDICO

mento de outros a seguir cultos estranhos. Uma discussão entre um acusado e as testemunhas no momento em que a transgressão foi cometida é descrita na Mishná *(Sanedrin 7:10)*. Isto mostra que houve uma advertência, como parte integral da transgressão, e portanto foi incluída na prova.

Enquanto a lei criminal talmúdica vigorava, isto é, antes de meados do século I a.c., o regulamento de advertência foi provavelmente aplicado somente em casos excepcionais, ou seja, com jovens, em transgressões religiosas e nos casos onde a imposição de um castigo não era justificada. Entretanto, após este período, o regulamento foi estendido a todos os casos criminais e, portanto, tornou a lei criminal talmúdica extremamente impraticável.

Uma instituição interessante que pode ser classificada numa lei de prova, assim como a lei de propriedade é a *hazaká* (posse). É um ato de efetivação de uma transferência de propriedade. Como já foi mencionado, o Direito Talmúdico não reconhecia o contrato consensual ou mesmo o contrato literal do Direito Romano, mas sempre requeria um ato externo de aquisição. A venda de bens tomou a forma de uma cerimônia de posse por parte do comprador a convite do vendedor. Originalmente isto era uma peça de prova: o ato representava uma aceitação da parte do primeiro proprietário de que ele abria mão do bem, e a afirmação por parte do adquirente de que ele era o novo dono. O regulamento de prova, portanto, tornou-se um regulamento da lei de propriedade, ao invés de ser um instrumento probativo, ele tornou-se um ato dispositivo, constitutivo *(Mishná Kidushin 1:1-3)*.

O segundo significado da *hazaká* é a prescrição. Se uma pessoa gozou da posse plena dos imóveis, por um certo período, digamos três anos, presumia-se que era o dono, mesmo não podendo apresentar a prova da escritura *(Mishná Bava Batra 3:1)*. Um regulamento similar aplica-se aos bens móveis, sem lapso de tempo. Qualquer bem possuído por uma pessoa era considerado como de sua propriedade, e o ônus da prova de que pertenciam a outra pessoa, recaía sobre a última.

Finalmente, o termo *hazaká* descrevia qualquer conjetura legal. A conexão com o significado acima pode ser entendida da seguinte forma: todo caso pode ser classificado de formas diferentes e toda classificação significa que um certo grupo de casos toma posse do caso em consideração. Presumindo que uma certa pessoa esteja viva

90 O DIREITO TALMÚDICO

ou morta, isto significa que, ou o grupo dos mortos, ou o grupo dos vivos, tomou posse daquela pessoa. Se a conjetura é a favor de uma certa pessoa, isto significa que ela tem a posse dos direitos e ninguém pode privá-la destes direitos, sem prova. A posse, conforme o segundo significado, foi considerada como tal após um curto espaço de tempo, e isso provavelmente foi resultado da instabilidade econômica e política. Em todo caso, a posse era efetiva somente contra um adversário que havia estado no país e que não tinha efetuado o protesto *(Mishná Bava Batra 3:2)*. A posse por si mesma não criava direitos, ela somente os apoiava. Portanto, o possuidor deve reivindicar para si o título legal, e somente então ele goza da proteção da sua posse *(Mishná Bava Batra 3:3)*.

Pessoas que gozavam de um *status* fiduciário, como, por exemplo, sócios, não podiam invocar uma posse depois de um longo período, já que este status podia ter impedido o queixoso de protestar contra a posse no devido tempo *(ibidem)*.

Tomar posse, com o objetivo de transferir a posse da propriedade, não era a única forma. O pagamento do valor ou a entrega de documentos escritos eram formas alternativas de expressar a validade da transação, no caso de imóveis. De acordo com a opinião de um mestre, a posse era efetiva somente após o pagamento do valor *(Tossefta Ketubot 2:1)*.

Desejo finalmente dizer algumas palavras sobre os documentos que eram usados nos tempos talmúdicos. A mais antiga forma, que foi encontrada nos arquivos do Mar Morto, foi o documento "amarrado", que é um texto enrolado e fechado com diversos lacres para impedir sua falsificação. De acordo com este sistema, o texto era escrito em duas cópias: uma era fechada, amarrada com barbantes e lacrada, para ser depositada num arquivo ou enterrada na propriedade em questão. A outra era entregue ao novo proprietário.

Mais tarde, o significado original do documento "amarrado" não foi mais entendido e o povo apenas pensava no transtorno desta formalidade. Ele foi usado para a certidão de divórcio dos sacerdotes, a fim de permitir um período de reflexão entre o início e o final do processo. Isto era necessário porque o sacerdote não podia casar novamente com a sua divorciada.

O documento era realmente um protocolo, assinado por duas testemunhas, referente à aceitação ou remoção, expressa pelo transferente na presença delas. Originalmente a assinatura das testemunhas

A PROVA NO DIREITO TALMÚDICO 91

não seria questionada. Entretanto, nas certidões de divórcio, as próprias testemunhas eram solicitadas a comparecer na corte e confirmar que a certidão tinha sido executada e entregue apropriadamente. Em outros documentos tornou-se um regulamento que as assinaturas originais fossem comprovadas por outras testemunhas ou pela corte.

Finalizando esta série de palestras que eu apreciei muito, quero citar o que o Sumo Sacerdote costumava dizer no Dia do Perdão, após a leitura da Torá: "Meus amigos, muito mais do que eu li para vocês, encontra-se ali". Ficaria muito satisfeito se estas aulas contribuíssem para a continuação do estudo da Torá e do Talmude.

DADOS SOBRE O PROF. ZE'EV W. FALK

O Prof. Dr. Ze'ev W. Falk, professor de Direito Talmúdico da Universidade Hebraica de Jerusalém, veio ao Brasil a convite da Associação Universitária de Cultura Judaica e ministrou o curso de extensão cultural sobre o tema "Introdução ao Direito Talmúdico", no Departamento de Direito Internacional e Departamento de Filosofia e Teoria Geral do Direito da Faculdade de Direito da Universidade de São Paulo, em maio de 1984.

Desde 1970 leciona Direito da Família e Direito das Sucessões na Universidade Hebraica de Jerusalém.

PUBLICAÇÕES:

Introduction to Jewish Law of the Second Commonwealth, Leiden, 1972-78.

"Erkey Mishpat weYahadut", Jerusalém, 1980.

Law and Religion: The Jewish Experience, Jerusalém, 1981.

"Terri'at Gerushin Misad ha'Ishah", Jerusalém, 1981.

"Diney Nissu'in", Jerusalém, 1983.

Este livro foi impresso na cidade de Cotia,
nas oficinas da Meta Brasil,
para a Editora Perspectiva.